GÊNEROS TEXTUAIS

Dados Internacionais de Catalogação na Publicação (CIP)
(Câmara Brasileira do Livro, SP, Brasil)

Köche, Vanilda Salton
Gêneros textuais : práticas de leitura, escrita e análise linguística / Vanilda Salton Köche, Adiane Fogali Marinello. – Petrópolis, RJ : Vozes, 2015.
Bibliografia.

4ª reimpressão, 2025.

ISBN 978-85-326-4967-6
1. Linguística – Análise 2. Textos I. Marinello, Adiane Fogali. II. Título.

15-00037 CDD-418

Índices para catálogo sistemático:
1. Gêneros textuais : Análise linguística 418

Vanilda Salton Köche
Adiane Fogali Marinello

GÊNEROS TEXTUAIS

PRÁTICAS DE LEITURA ESCRITA E ANÁLISE LINGUÍSTICA

EDITORA VOZES
Petrópolis

Rua Frei Luís, 100
25689-900 Petrópolis, RJ
www.vozes.com.br
Brasil

Editoração: Flávia Peixoto
Diagramação: Sheilandre Desenv. Gráfico
Capa: Cumbuca Studio

ISBN 978-85-326-4967-6

Este livro foi composto e impresso pela Editora Vozes Ltda.

Sumário

Introdução

O texto constitui a unidade básica do ensino de Língua Portuguesa. Segundo os Parâmetros Curriculares Nacionais (1998), é necessário contemplar, em sala de aula, a diversidade de gêneros textuais que circulam na sociedade. Esse enfoque colabora para a formação de usuários competentes da língua, uma vez que considera as diferentes situações comunicativas em que se utilizam os gêneros como instrumentos de interação social.

De acordo com os PCNs, "o estudo dos gêneros discursivos e dos modos como se articulam proporciona uma visão ampla das possibilidades de uso da língua" (2000, p. 8). Assim, as aulas de língua materna necessitam se voltar para o aperfeiçoamento das competências de leitura e escrita, por meio do aprimoramento das habilidades de interpretação e produção de gêneros textuais, bem como de análise da língua em uso, a fim de ampliar a compreensão da realidade pelo estudante e suas possibilidades de participação social.

O ensino de Língua Portuguesa a partir de gêneros textuais permite ao aluno dominar progressivamente um número cada vez maior de recursos linguísticos. Com isso, ele terá condições de adaptar o texto a ser produzido, especialmente sua estrutura, seu conteúdo e sua linguagem, ao possível interlocutor e à situação comunicativa em que está inserido. A exploração dos gêneros em sala de aula traz benefícios para o aprendiz, pois é uma significativa oportunidade de se trabalhar com a linguagem nos seus mais diferentes usos do cotidiano.

Conforme os PCN+ Ensino Médio (2002), ser falante e usuário de uma língua pressupõe a leitura plena e a produção de significados, e implica a percepção das sequências e dos tipos textuais no interior dos gêneros.

Em consonância com as orientações desse documento, esta obra explora gêneros textuais relevantes para desenvolver no aluno as competências de leitura e escrita e a habilidade de análise linguística. Os gêneros trabalhados são os seguintes: *apólogo, crônica, conto popular, lenda, mito, artigo de opinião* e *artigo de divulgação científica.*

O primeiro capítulo conceitua gêneros textuais e tipologias textuais, e propõe atividades escritas. Os demais capítulos fornecem subsídios teóricos acerca dos gêneros em estudo, seguidos de uma análise ilustrativa e sugestões de atividades. Nas atividades, constam as etapas: estudo de texto (pré-leitura, leitura, interpretação oral e escrita), práticas de análise da linguagem e reflexão linguística, produção textual escrita e oral e retextualização do gênero.

Assim, esta obra pretende contribuir para o avanço da metodologia do ensino de Língua Portuguesa e oferecer subsídios teóricos e práticos voltados aos gêneros textuais.

As autoras

1 Gêneros textuais e tipologias textuais

Os gêneros não são entidades naturais como as borboletas, as pedras, os rios e as estrelas, mas são artefatos culturais construídos historicamente pelo ser humano.
(MARCUSCHI, 2002, p. 30)

A interação entre os indivíduos no dia a dia ocorre por meio de gêneros textuais próprios que o usuário da língua emprega, disponíveis num acervo de textos construído pela prática social ao longo da história. De acordo com Bakthin (1992), os gêneros do discurso são *tipos relativamente estáveis* de enunciados elaborados pelas diferentes esferas de utilização da língua. Isso significa que os gêneros são flexíveis, e o usuário da língua pode valer-se dos que já circulam socialmente, modificá-los ou até mesmo criar novos gêneros com base nos já existentes.

Para Marcuschi (2002), os gêneros textuais são ilimitados, pois inúmeras são as situações comunicativas que requerem seu uso. O autor destaca que a opção por um ou outro gênero está intimamente ligada ao objetivo do sujeito e à situação sociocomunicativa em que está incluído: quem é ele, para que interlocutor escreve ou fala, com que objetivo e em que momento histórico se dá o ato comunicativo.

Os diferentes enunciados orais ou escritos, produzidos pelos usuários da língua, constituem gêneros textuais. Exemplifica-se: telefonema, discurso, palestra, piada, bate-papo, romance, conto, crônica, artigo de opinião, reportagem, editorial, conto popular, lenda, apólogo e artigo de divulgação científica. Bakthin coloca que "a diversidade desses gêneros deve-se ao fato de eles variarem conforme as circunstâncias, a posição social e o relacionamento pessoal dos parceiros" (1992, p. 302).

Os gêneros, de acordo com Marcuschi (2002), são eventos textuais bastante maleáveis, dinâmicos e plásticos, e decorrem das necessidades e atividades socioculturais e das inovações tecnológicas. As novas tecnologias possibilitam o surgimento de outros gêneros, como mensagens enviadas por *e-mail*, bate-papo via internet, recados postados no *Facebook* e aulas virtuais.

Os gêneros textuais, portanto, desempenham um papel relevante na interação social. Bakthin afirma que "se não existissem os gêneros do discurso e se não os dominássemos, se tivéssemos de criá-los pela primeira vez no processo de fala, se tivéssemos de construir cada um de nossos enunciados, a comunicação verbal seria quase impossível" (1992, p. 302).

Apropriar-se dos gêneros, segundo Bronckart (1999), é fundamental para a socialização e a inserção prática do indivíduo nas atividades comunicativas humanas. Assim, é imprescindível que o usuário da língua amplie sua capacidade de expressão nas mais diversas situações de emprego da linguagem verbal.

Marcuschi (2002) destaca que, quando se designa certo texto como narrativo, descritivo ou argumentativo, não se nomeia o gênero, mas o predomínio de um tipo de sequência textual. O autor distingue gêneros textuais de tipos textuais: os gêneros são "textos materializados que encontramos em nossa vida diária e que apresentam características sociocomunicativas definidas por conteúdos, propriedades funcionais, estilo e composição característica" (2002, p. 22-23); já os tipos textuais constituem "uma espécie teoricamente definida pela natureza linguística de sua composição (aspectos lexicais, sintáticos, tempos verbais, relações lógicas)" (2002, p. 22).

As tipologias textuais usadas na construção dos gêneros são a narrativa, a descritiva, a dissertativa, a injuntiva, a explicativa, a preditiva e a dialogal. Um gênero possui uma tipologia de base, mas em um mesmo gênero pode haver o emprego de mais de uma tipologia. Assim, os gêneros textuais caracterizam-se pela heterogeneidade tipológica. Explicitam-se, a seguir, as características das tipologias textuais.

A tipologia textual narrativa relata situações, fatos, acontecimentos, reais ou imaginários, e envolve personagens, situadas em um tempo e espaço. De acordo com Bronckart (1999), a sequência narrativa é sustentada por um processo de intriga, de modo a formar um todo, uma história ou ação completa, com início, meio e fim. Nesse tipo de sequência, ocorre a mudança de um estado para outro; há, portanto, uma relação de anterioridade e posterioridade. Essa tipologia se faz presente em gêneros textuais como o romance, a novela, o conto, a fábula e o mito.

Conforme Vilela e Koch (2001), a descrição apresenta características de objetos, ambientes, ações ou estados em um momento estático de tempo. Normalmente, a descrição está a serviço de diversos gêneros textuais. Por exemplo, nos gêneros com tipologia textual de base dissertativa, a descrição aparece nas exemplificações; nos gêneros narrativos, a descrição se faz presente na caracterização de ambientes e personagens. Exemplo de descrição de uma personagem: *Realmente,* [Rita] *era graciosa e viva nos gestos, olhos cálidos, boca fina e interrogativa* (Machado de Assis, *A cartomante*).

A dissertação constrói uma opinião de modo progressivo a respeito de um assunto (DELFORCE, 1992). Para isso, o enunciador expõe argumentos coerentes e consistentes, a fim de convencer o interlocutor sobre determinada questão. Emprega-se essa tipologia especialmente em gêneros textuais argumentativos, como o artigo de opinião, o editorial, a carta do leitor, o comentário e a carta argumentativa.

A injunção, segundo Travaglia (1991), objetiva incitar à realização de uma situação, requerendo-a ou desejando-a, ensinando ou não como realizá-la. De acordo com o autor, o interlocutor faz o que se solicita ou se determina que seja realizado em um momento posterior ao da enunciação. A tipologia injuntiva aparece em gêneros textuais como receitas, instruções de uso e montagem e leis de trânsito.

A explicação, para Coltier (1986), faz compreender um problema da ordem do saber. Exemplifica-se: *Os vegetais são importantes para a saúde do nosso organismo. Quais são os benefícios do espinafre?* Segundo a autora, essa tipologia também pode partir de um paradoxo aparentemente incompatível com a explicação de mundo: *Por que o sol parece ser do mesmo tamanho da lua?*

A predição, conforme Travaglia (1991), é uma antecipação de situações cuja realização será posterior ao tempo da enunciação. Usa-se essa tipologia nos horóscopos, nos boletins meteorológicos, nas profecias e nas previsões em geral.

Por fim, a tipologia textual dialogal, para Bronckart (1999), concretiza-se somente nos segmentos de discursos interativos dialogados. Ela está presente nas interações verbais em que aparecem, no mínimo, dois interlocutores. Essa tipologia pode constar nos romances, nas crônicas, nos contos, nas novelas, entre outros gêneros textuais. Exemplo: – Alô, tudo bem?/ – Tudo ótimo.

1.1 Atividades

I. Leia os textos e diga qual é a tipologia textual predominante. Justifique sua resposta.

Texto 1 –

Iracema, a virgem dos lábios de mel, que tinha os cabelos mais negros que a asa da graúna e mais longos que seu talhe de palmeira.

O favo da jati não era doce como seu sorriso; nem a baunilha recendia no bosque como seu hálito perfumado.

Mais rápida que a ema selvagem, a morena virgem corria o sertão e as matas do Ipu, onde campeava sua guerreira tribo da grande nação tabajara. O pé grácil e nu, mal roçando alisava apenas a verde pelúcia que vestia a terra com as primeiras águas [...] (José de Alencar, *Iracema*).

Texto 2 –

– Não; é casada.

– Com quem?

– Com um estancieiro do Rio Grande.

– Chama-se?

– Ele? Fonseca, ela Maria Cora.

– O marido não veio com ela?

– Está no Rio Grande (Machado de Assis, *Maria Cora*).

Texto 3 –

Boa Conceição! Chamavam-lhe "a santa", e fazia jus ao título, tão facilmente suportava os esquecimentos do marido. Em verdade, era um temperamento moderado, sem extremos, nem grandes lágrimas, nem grandes risos. No capítulo de que trato, dava para maometana; aceitaria um harém, com as aparências salvas. Deus me perdoe, se a julgo mal. Tudo nela era atenuado e passivo. O próprio rosto era mediano, nem bonito nem feio. Era o que chamamos uma pessoa simpática. Não dizia mal de ninguém, perdoava tudo. Não sabia odiar; pode ser até que não soubesse amar (Machado de Assis, *Missa do Galo*).

Texto 4 -

Por isso estão diante do trono de Deus, e o servem de dia e de noite no seu santuário; e aquele que está assentado sobre o trono estenderá o seu tabernáculo sobre eles. Nunca mais terão fome, nunca mais terão sede; nem cairá sobre eles o sol, nem calor algum, porque o Cordeiro que está no meio, diante do trono, os apascentará e os conduzirá às fontes das águas da vida; e Deus lhes enxugará dos olhos toda lágrima (*Bíblia Sagrada*, Ap 7,15-17).

Texto 5 -

A escrita de um texto é o resultado de um trabalho artesanal que exige esforço e dedicação. O texto não é fruto de uma ideia momentânea, mas de um processo de produção (PAVANI; BOFF; KÖCHE, *Reescrita: processo de produção textual*).

Texto 6 -

A loja era escura, atulhada das coisas velhas, tortas, rotas, enxovalhadas, enferrujadas que de ordinário se acham em tais casas, tudo naquela meia desordem própria do negócio. Essa mistura, posto que banal, era interessante. Panelas sem tampa, tampas sem panela, botões, sapatos, fechaduras, uma saia preta, chapéus de palha e de pelo, caixilhos, binóculos, meias-casacas, um florete, um cão empalhado, um par de chinelas, luvas, vasos sem nome, dragonas, uma bolsa de veludo, dois cabides, um bodoque, um termômetro, cadeiras, um retrato litografado pelo finado Sisson, um gamão, duas máscaras de arame para o carnaval que há de vir, tudo isso e o mais que não vi ou não me ficou de memória, enchia a loja nas imediações da porta, encostado, pendurado ou exposto em caixas de vidro, igualmente velhas. Lá para dentro, havia outras coisas mais e muitas, e do mesmo aspecto, dominando os objetos grandes, cômodas, cadeiras, camas, uns por cima dos outros, perdidos na escuridão (Machado de Assis, *Ideias do canário*).

II. Leia os textos que seguem e resolva as atividades propostas.

Texto 1 –

SUCO VERDE

Ingredientes

1 fatia de abacaxi

1 copo de água de coco

1 folha de couve

1/2 pepino pequeno com casca

1 pedacinho de gengibre

Modo de fazer

Coloque todos os ingredientes no liquidificador. Bata até adquirir consistência cremosa. Sirva gelado (As autoras).

Texto 2 –

A RAPOSA E AS UVAS

Uma raposa passou embaixo de uma parreira carregada de lindas uvas. Ficou com muita vontade de comer aquelas uvas.

Deu muitos saltos, tentou subir na parreira, mas não conseguiu. Depois de muito tentar foi-se embora, dizendo:

– Eu nem estou ligando para as uvas. Elas estão verdes, mesmo... (FUNDESCOLA/SEF-MEC, *A raposa e as uvas*).

Texto 3 –

AMANTE

Basta, criança! Não soluces tanto...
Enxuga os olhos, meu amor, enxuga!
Que culpa tem a clícia descaída
Se abelha envenenada o mel lhe suga?

Basta! Esta faca já contou mil gotas
De lágrimas de dor nos teus olhares.
Sorri, Maria! Ela jurou pagá-las
No sangue dele em gotas aos milhares.

Por que volves os olhos desvairados?
Por que tremes assim, frágil criança?
Est'alma é como o braço, o braço é ferro,
E o ferro sabe o trilho da vingança.

Se a justiça da terra te abandona,
Se a justiça do céu de ti se esquece,
A justiça do escravo está na força...
E quem tem um punhal nada carece!...

Vamos! Acaba a história... Lança a presa...
Não vês meu coração, que sente fome?
Amanhã chorarás; mas de alegria!
Hoje é preciso me dizer – seu nome!

(Castro Alves, *Amante*)

Texto 4 –

A RAPOSA E O TUCANO

(Sergipe)

A raposa entendeu que devia zombar do tucano. Uma vez ela o convidou para jantar em sua casa. O tucano foi. A raposa fez mingau para o jantar e espalhou em cima de uma pedra, e o pobre tucano nada pôde comer, e até machucou muito o seu grande bico.

O tucano procurou um meio de vingar-se. Depois de algum tempo, foi à casa da raposa e lhe disse:

– Comadre, você, outro dia, foi muito gentil comigo, dando-me aquele jantar. Agora é chegada a minha vez de lhe pagar na mesma moeda: venho convidá-la para ir jantar comigo. Vamo-nos embora, que o petisco está bom.

A raposa aceitou o convite e foram-se ambos. Ora, o tucano preparou também mingau e botou dentro de um jarro de pescoço estreito.

O tucano metia o bico e, quando o tirava, exibia-se satisfeito. A raposa nada comeu, lambendo apenas algum pingo que caía fora do jarro.

Acabado o jantar, disse:

– Isto, comadre, é para você não querer se fazer mais sabida do que os outros (Sylvio Roméro, *Contos populares do Brazil*).

Texto 5 –

A SAPA CASADA

(Sergipe)

Era uma vez um homem que tinha três filhos. Um dia, o mais velho disse ao pai:

– Meu pai, eu já sou um moço feito e o senhor já está velho. Por isso, quero ganhar minha vida.

– Pois bem, meu filho, mas o que queres: a minha bênção com pouco dinheiro ou a minha maldição com muito dinheiro?

O moço respondeu:

– A sua maldição com muito dinheiro.

Assim, o pai acatou o pedido do filho, e este partiu.

Depois de andar por muitas terras e passar por inúmeras dificuldades, o rapaz mais velho casou-se.

Um ano depois, o irmão do meio dirigiu-se ao pai e lhe disse que também queria ganhar sua vida. O pai lhe fez a mesma pergunta que ao primeiro, e o moço respondeu como o irmão mais velho e partiu. Depois de também muito viajar e sofrer, casou-se.

Um ano depois, o caçula também pediu ao pai para ir ganhar sua vida. O pai perguntou-lhe se queria sua bênção com pouco dinheiro ou sua maldição com muito dinheiro. O filho quis sua bênção, e seguiu caminho.

Depois de andar algum tempo, estando ele a descansar perto de uma lagoa, ouviu uma linda voz. O rapaz ficou maravilhado e disse que se casaria com a dona daquela voz, fosse ela quem fosse. De repente, ele se viu num palácio muito rico e apareceu-lhe uma sapa para casar com ele. O moço casou-se, mas ficou muito triste.

Ora, depois de algum tempo, ele e os irmãos tinham que visitar a família, pois haviam combinado isso com os pais. Certo dia, todos os três deveriam se apresentar e levar consigo presentes mandados por suas mulheres.

O rapaz mais novo, casado com a sapa, andava muito aflito sem ter o que levar. A sapa pediu-lhe linhas, pois faria algumas rendas para mandar à sogra. Ele deu uma gargalhada e atirou-lhe as linhas na água. A sapa gritou o dia inteiro dentro da lagoa, formando muita espuma, e o moço ia ficando cada vez mais desesperado. Mas, no dia da partida, apareceu sobre a água uma renda tão linda como ele nunca havia visto.

O jovem partiu. Houve muita alegria na casa dos pais, e o presente mais bonito foi o que o caçula levara, motivo de grande inveja por parte dos irmãos. Despediram-se os moços a fim de voltar para suas casas, e os pais lhes pediram para no dia tal voltarem, levando cada um sua mulher. Os dois filhos mais velhos ficaram contentes, porque já havia boatos de que o caçula tinha se casado com uma sapa. O mais novo nada disse.

Já em casa, o caçula andava muito triste, pensando na vergonha pela qual iria passar, apresentando-se com uma sapa por mulher. Quando chegou o dia da viagem, a sapa pulou para fora da lagoa, acompanhada de muitos sapos e sapinhos. Puseram-se a caminho, ele a cavalo e ela num carro de boi com seus acompanhantes.

O moço ia muito triste. Mas, quando se aproximaram da casa dos pais, a sapa se desencantou e transformou-se numa formosa princesa, e todos os sapinhos tornaram-se criados e criadas. Foi uma grande festa! E as mulheres dos outros irmãos morreram de inveja e vergonha (Sylvio Roméro, *Contos populares do Brazil*).

Texto 6 –

QUAIS SÃO OS PRINCIPAIS BENEFÍCIOS DO GENGIBRE?

O gengibre é uma erva da família das zingiberáceas, de folhas dísticas, flores verde-amareladas em forma de espigas e frutos capsulares. É originário das regiões tropicais da Ásia, mas é cultivado também em outros locais por seu caule subterrâneo ser comestível. Ele pode ser consumido fresco, seco e em conserva.

Utiliza-se esse vegetal na medicina, em forma de xaropes, pó ou óleo; na alimentação, como tempero, e na fabricação de bebidas; usa-se também como cosmético e na perfumaria.

O gengibre favorece a digestão, é expectorante e até afrodisíaco. É bom para o funcionamento do intestino, impedindo a formação de gases. Melhora a respiração, combate gripes, resfriados e bronquites. Possui ainda ação anti-inflamatória e auxilia no tratamento do reumatismo e da artrite.

Portanto, devido aos seus inúmeros benefícios, o tronco subterrâneo do gengibre é um excelente aliado de nossa saúde (As autoras).

Texto 7 –

NARCISO

Há muito tempo, na floresta, passeava Narciso, o filho do sagrado rio Kiphissos. Era lindo, porém tinha um modo frio e egoísta de ser; era muito convencido de sua beleza e sabia que não havia no mundo ninguém mais bonito que ele.

Vaidoso, a todos dizia que seu coração jamais seria ferido pelas flechas de Eros, filho de Afrodite, pois não se apaixonava por ninguém.

As coisas foram assim até o dia em que a ninfa Eco o viu e imediatamente se apaixonou por ele.

Ela era linda, mas não falava, o máximo que conseguia era repetir as últimas sílabas das palavras que ouvia.

Narciso, fingindo-se desentendido, perguntou:

– Quem está se escondendo aqui perto de mim?

– ... de mim – repetiu a ninfa assustada.

– Vamos, apareça! – ordenou. – Quero ver você!

– ... ver você! – repetiu a mesma voz em tom alegre.

Assim, Eco aproximou-se do rapaz. Mas nem a beleza e nem o misterioso brilho nos olhos da ninfa conseguiram amolecer o coração de Narciso.

– Dê o fora! – gritou, de repente. – Por acaso pensa que eu nasci para ser um da sua espécie? Sua tola!

– Tola! – repetiu Eco, fugindo de vergonha.

A deusa do amor não poderia deixar Narciso impune depois de fazer uma coisa daquelas. Resolveu, pois, que ele deveria ser castigado pelo mal que havia feito.

Um dia, quando estava passeando pela floresta, Narciso sentiu sede e quis tomar água.

Ao debruçar-se num lago, viu seu próprio rosto refletido na água. Foi naquele momento que Eros atirou uma flecha direto em seu coração.

Sem saber que o reflexo era de seu próprio rosto, Narciso imediatamente se apaixonou pela imagem.

Quando se abaixou para beijá-la, seus lábios encostaram-se à água e a imagem se desfez. A cada nova tentativa, Narciso ia ficando cada vez mais desapontado, recusando-se a sair de perto da lagoa. Passou dias e dias sem comer nem beber, ficando cada vez mais fraco.

Assim, acabou morrendo ali mesmo, com o rosto pálido voltado para as águas serenas do lago.

Esse foi o castigo do belo Narciso, cujo destino foi amar a si próprio.

Eco ficou chorando ao lado do corpo dele, até que a noite a envolveu. Ao despertar, Eco viu que Narciso não estava mais ali, mas em seu lugar havia uma bela flor perfumada. Hoje, ela é conhecida pelo nome de "narciso", a flor da noite (FUNDESCOLA/SEF-MEC, *Narciso*).

Texto 8 –

UM PASSEIO

Uma mulher rica, tendo retornado do exterior, desembarcou a pé na Rua do Atoleiro e estava prestes a caminhar para seu hotel no meio da lama.

– Senhora, – disse um policial – eu não posso permitir que faça isso: você iria sujar seus sapatos e meias.

– Oh, isso, realmente, não tem importância – respondeu a mulher rica, com um alegre sorriso.

– Mas, senhora, isso é desnecessário; do cais para o hotel, como você observa, estende-se uma linha ininterrupta de jornais colocados por homens que anseiam a honra de tê-la andando em cima deles.

– Nesse caso, – disse ela, sentando-se em uma porta e abrindo sua bolsa – vou ter que colocar minhas botas de borracha (Ambrose Bierce, *A causeway*).

1) Os títulos dos gêneros textuais que constam na segunda coluna dizem respeito aos textos anteriores. Preencha os parênteses com os números da primeira coluna, apontando o gênero a que pertence cada texto.

(1) poema	a) ( ) *Suco verde*
(2) mito	b) ( ) *A raposa e as uvas*
(3) receita culinária	c) ( ) *Amante*
(4) texto explicativo	d) ( ) *A raposa e o tucano*
(5) fábula	e) ( ) *A sapa casada*
(6) miniconto	f) ( ) *Quais são os principais benefícios do gengibre?*
(7) conto popular	g) ( ) *Narciso*
(8) notícia	h) ( ) *Um passeio*
(9) carta do leitor	
(10) artigo de opinião	
(11) lenda	

2) Retome os textos do item II. Aponte as características dos textos 1, 4, 6 e 7, e coloque o respectivo número nos parênteses.

( ) Incita o leitor a realizar uma atividade.

( ) Relata um fato e traz um ensinamento.

( ) Constrói uma opinião a respeito de um assunto.

( ) Faz compreender um problema da ordem do saber.

( ) Antecipa situações.

( ) Narra um fato para explicar um fenômeno natural.

3) Indique ao lado dos títulos dos textos que seguem a tipologia de base de cada um deles.

a) *Suco verde* (____________________)

b) *A raposa e as uvas* (____________________)

c) *Amante* (____________________)

d) *A raposa e o tucano* (____________________)

e) *A sapa casada* (____________________)

f) *Quais são os principais benefícios do gengibre?* (____________________)

g) *Narciso* (____________________)

h) *Um passeio* (____________________)

2 Apólogo

O apólogo, segundo Moisés (2004), consiste num gênero textual narrativo curto, protagonizado por objetos inanimados (rios, relógios, moedas, estátuas etc.).

Exemplo disso é o texto *O Sol e o Vento*, de La Fontaine. Nesse apólogo, o sol e o vento fazem uma aposta para ver qual dos dois conseguirá tirar o casaco de um homem. O vento sopra muito forte, mas quanto mais sopra, mais o homem segura o casaco em seu corpo, e então o vento retira-se. O sol, por sua vez, brilha intensamente e esquenta tudo. O homem não aguenta o calor e tira o casaco. Assim, o sol torna-se o vencedor da aposta.

Machado (1994) afirma que, no apólogo, os seres inanimados ganham vida, a fim de transmitir um ensinamento. Do apólogo já mencionado, pode-se extrair a lição de que a suavidade supera a força e a fúria.

Segundo Afonso e Nascimento (2006), o apólogo constitui uma narrativa que ilustra vícios ou virtudes humanas, com personagens que representam, de forma alegórica, os traços negativos e positivos do caráter. Em *O Sol e o Vento*, é possível afirmar que a fúria do vento caracteriza um vício do homem, e a serenidade e a persistência do sol ilustram as virtudes.

Para Vives (apud BARANDA, 2007, p. 14), criam-se os apólogos com o objetivo de servir como padrão de comportamento, incentivar as virtudes e desestimular os vícios. O autor coloca que a história não tem importância pela narrativa em si, mas pela lição que é possível tirar dela.

Conforme Arantes (2006), em relação às técnicas argumentativas, o apólogo é construído com base na estrutura do real por meio de argumentos sustentados pela comparação. Segundo a autora, essa comparação é estabelecida na trama por meio de uma pesagem entre as virtudes de um ser com relação ao outro, para determinar quem é o mais importante e o melhor.

Nesse sentido, Coelho (1991a) diz que a situação vivida pelos seres inanimados alude a uma situação exemplar para os seres humanos. A autora afirma que “normalmente o apólogo tem como personagens seres que ali adquirem valor *metafórico*. Isto é, não são *símbolos* como acontece com as personagens da fábula” (1991a, p. 149). Ao contrário do apólogo, as personagens da fábula mantêm características que lhes são próprias: o leão simboliza a força; a raposa, a esperteza; o cordeiro, a ingenuidade; a formiga, o trabalho.

De acordo com Afonso e Nascimento (2006), a ética é o tema central do apólogo, e geralmente a presença de personagens com comportamentos e atitudes questionáveis facilita a identificação da temática. As autoras afirmam que o gênero aborda diversos temas, como o autoritarismo, a vaidade, a ganância, a solidariedade, o espírito de vingança e a (in)justiça social. Elas colocam ainda que o apólogo mostra o comportamento do ser humano em sociedade e traços da personalidade de cada indivíduo.

É possível encontrar o apólogo em prosa e verso, e um mesmo apólogo em diversas versões. Geralmente há presença do diálogo entre as personagens. Exemplifica-se: *Com poucas palavras, o Sol respondeu ao Vento: Vamos apostar para ver quem irá tirar o casaco dos ombros do cavalheiro* (LA FONTAINE, 1999).

Segundo Arantes (2006), no apólogo, o discurso é quase sempre direto, e flutua entre o universal e o particular. A autora coloca que o discurso universal, como o próprio nome diz, traz ensinamentos de ordem universal, e o particular, normalmente, é usado para servir a um interlocutor específico.

A tipologia textual de base do apólogo é narrativa, pois relata fatos imaginários e mobiliza personagens, situadas em um tempo e lugar. O espaço é restrito, e o tempo em que ocorrem os acontecimentos quase sempre é impreciso.

No apólogo, o narrador emprega, na maioria das vezes, a terceira pessoa do discurso para contar os fatos. Ele não é personagem da trama, apenas observa os acontecimentos. O gênero vale-se predominantemente de verbos no pretérito perfeito e imperfeito do indicativo. Usa o pretérito perfeito para expressar ações já concluídas no passado e o pretérito imperfeito para exprimir ações que se estendem durante o episódio narrado. Já nas falas das personagens, transcritas em discurso direto, utiliza verbos no presente do indicativo, uma vez que o diálogo é reproduzido exatamente como ocorreu.

De acordo com Coelho (1991b), o apólogo expõe uma situação e encerra com uma moralidade. Com base nisso, veja a seguir a estrutura do gênero.

a) *Situação*: mostra as personagens, o contexto no qual elas se encontram e o problema que vivenciam.

b) *Moralidade*: coloca o ensinamento a ser transmitido, e pode constar no final do texto de forma explícita ou pode estar implícita.

Muitas vezes, o apólogo é confundido com a fábula e a parábola. Para Coelho (1991b), o apólogo e a parábola visam as *atitudes morais*; a fábula visa geralmente os *costumes*, o comportamento social dos homens. Conforme Moisés (2004), a fábula é protagonizada por bichos, cujo comportamento deixa transparecer uma visão satírica ou pedagógica aos seres humanos. Já a parábola, segundo o autor, tem como personagens principais seres humanos e comunica uma lição ética por vias indiretas ou simbólicas.

2.1 Análise ilustrativa

A PANELA DE BARRO E A PANELA DE FERRO

1 A panela de ferro propôs à panela de barro um passeio. Esta se desculpou, dizendo:

2 – É melhor manter-me perto do fogo, porque sou muito frágil, tão frágil que, ao menor toque, me transformo em pedaços. Já você nunca terá esse destino, pois sua estrutura é mais dura do que a minha. Eu não sou resistente como você.

3 A panela de ferro respondeu:

4 – Vou protegê-la de qualquer coisa dura que possa lhe ameaçar. Se, porventura, algo passar perto de você, eu ficarei entre os dois, e do golpe a salvarei.

5 Diante dessas palavras, a panela de barro convenceu-se e aceitou a proposta de passear com sua companheira. Então, elas se colocaram lado a lado e começaram imediatamente a caminhada.

6 A panela de barro andava como podia, tropeçando, mancando e titubeando de um lado para outro. Esbarrava a todo o momento, e via-se no perigo de espatifar-se.

7 Mal tinham andado cem passos, a panela de barro reduziu-se a mil cacos, e nem podia reclamar, pois ela era diferente de sua companheira.

8 O destino dessas panelas nos faz crer que o fraco não pode ser companheiro do forte, mas deve unir-se aos seus iguais.

LA FONTAINE, Jean de. A panela de barro e a panela de ferro. In:_____. *Fables*: les Fables de Jean de La Fontaine augmentées des oeuvres d'autres fabulistes. Disponível em: <http://www.dominiopublico.gov.br/download/texto/ph000308.pdf>. Acesso em: 21 mar. 2013. Tradução e adaptação das autoras.

O texto em estudo constitui um apólogo, pois é uma narrativa curta, protagonizada por seres inanimados (uma panela de barro e uma de ferro) que ganham vida para trazer um ensinamento aos seres humanos. Esse apólogo foi traduzido e adaptado pelas autoras desta obra, mas originalmente está escrito em versos.

Sua tipologia textual de base é narrativa, pois relata fatos e envolve personagens, situadas em um tempo e lugar. A trama ocorre num espaço restrito: perto do fogo e a uma distância de cem passos dali. Pelo desenrolar dos acontecimentos, nota-se que as ações transcorreram num tempo curto, talvez em alguns minutos. A época na qual ocorrem os fatos não está determinada.

O apólogo em análise expõe uma *situação* e encerra com uma *moralidade*. A *situação* apresenta a panela de ferro que propõe à de barro um passeio. Esta vivencia um problema: não quer aceitar o convite por se considerar frágil. Contudo, a panela de ferro convence a outra: promete-lhe proteção, e juntas saem para a caminhada. No trajeto, a panela de barro esbarra a todo o momento, até quebrar-se em mil cacos.

A *moralidade* consta no último parágrafo do apólogo de forma explícita: [...] *o fraco não pode ser companheiro do forte, mas deve unir-se aos seus iguais*. O texto faz alusão, portanto, a um possível comportamento do homem em sociedade.

Nesse apólogo, a linguagem é acessível ao leitor. O diálogo entre as duas panelas é transcrito sob a forma de discurso direto:

Esta [panela de barro] *se desculpou, dizendo:*

– É melhor manter-me perto do fogo, porque sou muito frágil [...].

A panela de ferro respondeu:

– *Vou protegê-la de qualquer coisa dura que possa lhe ameaçar* (parágrafos 1-4).

Como se constata no fragmento anterior, o narrador usa a terceira pessoa do discurso e verbos no pretérito perfeito do indicativo para contar fatos do passado. Trata-se, portanto, de um narrador-observador. Nas falas das personagens, ele emprega o presente do indicativo, pois o diálogo é transcrito exatamente como ocorreu no momento da enunciação.

2.2 Estudo de texto

I. Pré-leitura

1) Dialogando sobre o gênero textual

a) Você sabe o que é um apólogo? Diga o que conhece a respeito deste gênero.

b) Quais são os apólogos que você conhece? De que temas eles tratam?

c) Levante hipóteses a respeito da finalidade comunicativa do gênero textual apólogo.

2) Dialogando sobre o autor do texto

a) Quem é o autor do apólogo?

b) Você já ouviu falar desse escritor? Leu outros textos de sua autoria?

c) Que textos desse autor você já leu? Do que eles tratavam?

3) Dialogando sobre o conteúdo do texto

No apólogo que você lerá constam os objetos ***agulha*** e ***linha***. O texto inicia da seguinte forma:

Era uma vez uma agulha, que disse a um novelo de linha:

– Por que está você com esse ar, toda cheia de si, toda enrolada, para fingir que vale alguma coisa neste mundo?

➢ A partir dessas informações, levante hipóteses com relação à possível trama da narrativa.

II. Leitura

1) Leitura silenciosa do apólogo.

2) Leitura em voz alta do gênero pelo professor ou por um aluno.

UM APÓLOGO

1 Era uma vez uma agulha, que disse a um novelo de linha:

2 – Por que está você com esse ar, toda cheia de si, toda enrolada, para fingir que vale alguma coisa neste mundo?

3 – Deixe-me, senhora.

4 – Que a deixe? Que a deixe, por quê? Porque lhe digo que está com um ar insuportável? Repito que sim, e falarei sempre que me der na cabeça.

5 – Que cabeça, senhora? A senhora não é alfinete, é agulha. Agulha não tem cabeça. Que lhe importa o meu ar? Cada qual tem o ar que Deus lhe deu. Importe-se com a sua vida e deixe a dos outros.

6 – Mas você é orgulhosa.

7 – Decerto que sou.

8 – Mas por quê?

9 – É boa! Porque coso. Então os vestidos e enfeites de nossa ama, quem é que os cose, senão eu?

10 – Você? Esta agora é melhor. Você é que os cose? Você ignora que quem os cose sou eu, e muito eu?

11 – Você fura o pano, nada mais; eu é que coso, prendo um pedaço ao outro, dou feição aos babados...

12 – Sim, mas que vale isso? Eu é que furo o pano, vou adiante, puxando por você, que vem atrás, obedecendo ao que eu faço e mando...

13 – Também os batedores vão adiante do imperador.

14 – Você é imperador?

15 – Não digo isso. Mas a verdade é que você faz um papel subalterno, indo adiante; vai só mostrando o caminho, vai fazendo o trabalho obscuro e ínfimo. Eu é que prendo, ligo, ajunto...

16 Estavam nisto, quando a costureira chegou à casa da baronesa. Não sei se disse que isto se passava em casa de uma baronesa, que tinha a modista ao pé de si, para não andar atrás dela. Chegou a costureira, pegou

do pano, pegou da agulha, pegou da linha, enfiou a linha na agulha, e entrou a coser. Uma e outra iam andando orgulhosas, pelo pano adiante, que era a melhor das sedas, entre os dedos da costureira, ágeis como os galgos de Diana – para dar a isto uma cor poética. E dizia a agulha:

17 – Então, senhora linha, ainda teima no que dizia há pouco? Não repara que esta distinta costureira só se importa comigo; eu é que vou aqui entre os dedos dela, unidinha a eles, furando abaixo e acima.

18 A linha não respondia nada; ia andando. Buraco aberto pela agulha era logo enchido por ela, silenciosa e ativa como quem sabe o que faz, e não está para ouvir palavras loucas. A agulha, vendo que ela não lhe dava resposta, calou-se também, e foi andando. E era tudo silêncio na saleta de costura; não se ouvia mais que o plic-plic plic-plic da agulha no pano. Caindo o sol, a costureira dobrou a costura, para o dia seguinte; continuou ainda nesse e no outro, até que no quarto acabou a obra, e ficou esperando o baile.

19 Veio a noite do baile, e a baronesa vestiu-se. A costureira, que a ajudou a vestir-se, levava a agulha espetada no corpinho, para dar algum ponto necessário. E quando compunha o vestido da bela dama, e puxava a um lado ou outro, arregaçava daqui ou dali, alisando, abotoando, acolchetando, a linha, para mofar da agulha, perguntou-lhe:

20 – Ora agora, diga-me quem é que vai ao baile, no corpo da baronesa, fazendo parte do vestido e da elegância? Quem é que vai dançar com ministros e diplomatas, enquanto você volta para a caixinha da costureira, antes de ir para o balaio das mucamas? Vamos, diga lá.

21 Parece que a agulha não disse nada; mas um alfinete, de cabeça grande e não menor experiência, murmurou à pobre agulha:

22 – Anda, aprende, tola. Cansas-te em abrir caminho para ela e ela é que vai gozar da vida, enquanto aí ficas na caixinha de costura. Faze como eu, que não abro caminho para ninguém. Onde me espetam, fico.

23 Contei esta história a um professor de melancolia, que me disse, abanando a cabeça: – Também eu tenho servido de agulha a muita linha ordinária!

ASSIS, Machado de. *Um apólogo*. Disponível em: <http://www.dominiopublico.gov.br/download/texto/ua000231.pdf>. Acesso em: 28 mar. 2013.

III. Atividades orais de interpretação

1) As hipóteses sobre o conteúdo do apólogo se confirmam após a leitura?

2) Do que trata o texto?

3) Quais são as personagens principais? Que características elas possuem?

4) Quem são as personagens secundárias?

5) Por que a agulha se considera superior à linha?

6) Qual é a razão que leva a linha a acreditar ser mais importante do que a agulha?

7) E no final da narrativa, quem se mostra superior? Por quê?

8) Quais são os conselhos que o alfinete dá à agulha?

9) O narrador afirma:

Contei esta história a um professor de melancolia, que me disse, abanando a cabeça: – Também eu tenho servido de agulha a muita linha ordinária! (parágrafo 23).

➢ O que você depreende da fala do professor?

IV. Atividades escritas de interpretação

1) Substitua os termos abaixo, retirados do apólogo em estudo, por outros de mesmo significado. Considere o sentido que possuem no texto.

a) decerto (parágrafo 7):

b) coso (parágrafo 9):

c) feição (parágrafo 11):

d) batedores (parágrafo 13):

e) subalterno (parágrafo 15):

f) obscuro (parágrafo 15):

g) ínfimo (parágrafo 15):

h) modista (parágrafo 16):

i) galgos (parágrafo 16):

j) compunha (parágrafo 19):

k) mofar (parágrafo 19):

l) mucamas (parágrafo 20):

m) ordinária (parágrafo 23):

2) De que argumentos a agulha se vale para dizer que é superior à linha?

3) Releia o diálogo entre a agulha e a linha e responda: quem demonstra ser mais prepotente? Explique.

4) Como você interpreta a fala da linha: – [...] *Que lhe importa o meu ar? Cada qual tem o ar que Deus lhe deu. Importe-se com a sua vida e deixe a dos outros* (parágrafo 5)?

5) No final da história, quem se mostra superior: a agulha ou a linha? Explique.

6) Qual é a finalidade comunicativa do apólogo em análise?

7) O apólogo expõe uma *situação* e encerra com uma *moralidade*.

a) A *situação* apresenta as personagens, o contexto em que elas estão inseridas e o problema que vivem. Faça uma síntese da *situação* vivenciada em *Um apólogo*.

b) Qual é a possível *moralidade* do texto? Assinale com X a resposta adequada.

( ) Há indivíduos egoístas que não ajudam seus semelhantes.

( ) Devemos reconhecer o valor dos que alcançam o sucesso sem o auxílio de ninguém.

( ) Existem pessoas que facilitam a vida das outras e não são reconhecidas pelo que fazem.

8) Que vícios e virtudes humanas são representados pelas personagens do texto *Um apólogo*?

a) Vícios humanos:

b) Virtudes humanas:

9) Onde ocorrem as ações retratadas no apólogo?

10) Pode-se determinar a época em que os fatos da narrativa acontecem? Justifique com elementos do texto.

11) É possível saber quanto tempo duram as ações apresentadas na história? Explique.

Como você interpreta os conselhos do alfinete à agulha?

13) A temática central do apólogo é a dependência social. Exp afirmação com base no texto e estabeleça relação com o cot

14) Como pode ser caracterizado o professor de melancolia co texto? Assinale com X a resposta adequada.

( ) Uma pessoa ambiciosa que não conseguiu realizar seus d

( ) Um sujeito otimista, mas que nada espera do outro.

( ) Uma pessoa descrente, que já ajudou muitas pessoas a s vida e não teve seu valor reconhecido.

V. Práticas de análise da linguagem e reflexão linguística

1) Observe quem narra os fatos no texto.

a) Que pessoa do discurso o narrador usa para apresentar os f tifique com dados do texto.

b) O que isso mostra em relação à posição do narrador quant explicitadas na história?

2) Atente no texto para a transcrição das falas das personagens.

a) Predomina o discurso direto ou indireto? Explique.

b) Qual é o tempo verbal predominante?

c) Por que o narrador vale-se desse tempo verbal?

3) Observe o fragmento a seguir e faça o que se pede.

Era uma vez uma agulha, que disse a um novelo de linha: [...]

– Mas você é orgulhosa.

– Decerto que sou.

– Mas por quê?

– É boa! Porque coso. Então os vestidos e enfeites de nossa am que os cose, senão eu?

– Você? Esta agora é melhor. Você é que os cose? Você ignora qu cose sou eu, e muito eu?

– Você fura o pano, nada mais; eu é que coso, prendo um pedaço dou feição aos babados... (parágrafos 1-11).

a) Reescreva as falas das personagens, transformando o discurso direto em indireto. Realize os ajustes necessários.

b) Na reescrita das falas, que mudança houve em relação ao uso dos tempos verbais? Por que aconteceu essa alteração?

c) Quanto à pessoa do discurso, que mudança ocorreu na transcrição das falas? Qual é a razão dessa mudança?

4) No apólogo, a fala das personagens é introduzida pela voz do narrador por meio de verbos de dizer, chamados *discendi*. Ex.: ***disse*** (parágrafo 1). Aponte outros verbos de dizer presentes no texto e substitua-os por sinônimos.

5) No texto, há o uso da linguagem figurada. Diga qual é o sentido dos fragmentos em negrito. Observe o contexto em que foram empregados.

a) – *Por que está você com esse ar, **toda cheia de si**,* [...] (parágrafo 2).

b) ***Agulha não tem cabeça*** (parágrafo 5).

c) [...] *para dar a isto **uma cor poética*** (parágrafo 16).

d) [...] *a linha, para **mofar** da agulha, perguntou-lhe:* [...] (parágrafo 19).

6) Explique a ironia presente na fala da linha para a agulha: – *Também os batedores vão adiante do imperador* (parágrafo 13).

7) Explicite a comparação: [...] *os dedos da costureira, ágeis como os galgos de Diana* [...] (parágrafo 16).

8) Segundo Moisés (2004), entre as figuras de linguagem, temos a prosopopeia, também denominada personificação. Esta figura consiste em atribuir vida ou qualidades humanas a seres inanimados, irracionais, ausentes, mortos ou abstratos. Como isso pode ser visto no texto?

9) Qual é a tipologia textual de base do apólogo em estudo? Explique.

2.3 Produção textual

I. Produção escrita

Escolha uma das opções a seguir e produza um apólogo.

a) Imagine um diálogo entre dois seres inanimados: uma tela de computador e uma CPU (Unidade Central de Processamento). Em seguida, produza um apólogo que aborde a temática da dependência social.

b) Defina a moralidade que deseja transmitir e escolha como personagens os objetos que julgar mais adequados ao seu propósito comunicativo. Com base nisso, escreva um apólogo.

Observe as características e estrutura do gênero textual apólogo. Após a reescrita, faça a leitura em voz alta de seu texto aos colegas e professor.

II. Produção oral

Pesquise em livros ou na internet outros apólogos e socialize-os com a turma e o professor.

III. Retextualização do gênero

A partir da moralidade extraída do texto *Um apólogo*, produza uma crônica jornalística. Leia crônicas, em livros, jornais e revistas, para reconhecer as características desse gênero. Imagine que o texto será publicado num jornal de circulação local.

3 Crônica

A crônica é um gênero textual que faz uma reflexão pessoal sobre acontecimentos do dia a dia, mostrando aspectos não percebidos. De acordo com Coutinho e Souza (2001), a crônica constitui uma reação individual e íntima diante da vida, das coisas ou dos seres.

Esse gênero pode abordar questões sociais, fraquezas humanas, fatos ocorridos na sociedade, uma notícia marcante, um filme, uma viagem, entre outros temas. Geralmente, é um texto curto e rápido.

A crônica é produzida por um jornalista, um escritor ou uma pessoa reconhecida na sociedade. É publicada em revistas e jornais, impressos ou *on-line*, de circulação diária, semanal, quinzenal ou mensal. Pode ainda ser divulgada em livros e *blogs*.

Na maioria das vezes, a crônica localiza-se numa seção determinada e ocupa um espaço limitado, normalmente de meia a uma página. O texto mantém quase sempre a mesma formatação, o que o torna familiar ao leitor. O público-alvo a que se destina são os leitores do jornal, revista ou *site*.

A crônica emprega uma linguagem acessível ao leitor. Possui estrutura livre, e pode valer-se do monólogo, do diálogo, da resenha, da entrevista e de personagens reais ou fictícias.

Esse gênero apresenta tipologia textual de base narrativa, dissertativa, dialogal, entre outras, dependendo do propósito comunicativo do autor. Por exemplo, na crônica *Brinquedos incendiados*, de Cecília Meireles (2003), predomina a tipologia textual narrativa, uma vez que o narrador-personagem conta um fato, o incêndio numa loja de brinquedos, e faz uma reflexão em torno desse acontecimento. Já na crônica *As revoltas do Brasil*, de David Coimbra (2013), prevalece a tipologia textual dissertativa. O autor vale-se de um passeio por uma das ruas de Copacabana (RJ) para refletir sobre as rebeliões ocorridas no Brasil em 2013 e estabelecer relação com outras revoltas que aconteceram no país a partir do século XIX.

A crônica com tipologia textual de base narrativa pode ter narrador em primeira pessoa do discurso, participando dos acontecimentos, ou em terceira pessoa, apenas observando os fatos. Conforme Costa (2009), esse tipo de crônica possui trama quase sempre pouco definida, sem conflitos densos e com personagens simples.

Segundo o autor, a crônica busca aproximar o enunciador do leitor pelo uso frequente do discurso indireto livre e de perguntas retóricas. No discurso indireto livre, ocorre a fusão entre personagem e narrador, pois, entremeando a narrativa, surgem diálogos indiretos da personagem que complementam a fala do narrador. Já as perguntas retóricas dizem respeito aos questionamentos que o narrador propõe ao leitor sem aguardar uma resposta, a fim de levá-lo a pensar sobre o assunto.

Existem dois tipos de crônica, a literária e a não literária. Tanto uma quanto a outra partem de dados da realidade para construir a reflexão.

A crônica literária transforma os elementos objetivos em estéticos a partir da liberdade e capacidade imaginativa do cronista. Usa uma linguagem subjetiva, pois reinventa o real pelo uso particular das palavras.

Por sua vez, a crônica não literária utiliza informações reais, possíveis de serem comprovadas. Emprega, sobretudo, uma linguagem objetiva. Entre as crônicas não literárias, as mais comuns são as jornalísticas, policiais, esportivas, políticas, sociais e de moda.

3.1 Análise ilustrativa

A SEMANA

1892

[16 outubro]

1 Não tendo assistido à inauguração dos bondes elétricos, deixei de falar neles. Nem sequer entrei em algum, mais tarde, para receber as impressões da nova tração e contá-las. Daí o meu silêncio da outra semana. Anteontem, porém, indo pela Praia da Lapa, em um bonde comum, encontrei um dos elétricos, que descia. Era o primeiro que estes meus olhos viam andar.

2 Para não mentir, direi o que me impressionou, antes da eletricidade, foi o gesto do cocheiro. Os olhos do homem passavam por cima da gente que ia no meu bonde, com um grande ar de superioridade. Posto não fosse feio, não eram as prendas físicas que lhe davam aquele aspecto. Sentia-se nele a convicção de que inventara, não só o bonde elétrico, mas a própria eletricidade. Não é meu ofício censurar essas meias glórias, ou glórias de empréstimo, como lhe queiram chamar espíritos vadios. As glórias de empréstimo, se não valem tanto como as de plena propriedade, merecem sempre algumas mostras de simpatia. Para que arrancar um homem a essa agradável sensação? Que tenho para lhe dar em troca?

3 Em seguida, admirei a marcha serena do bonde, deslizando como os barcos dos poetas, ao sopro da brisa invisível e amiga. Mas, como íamos em sentido contrário, não tardou que nos perdêssemos de vista, dobrando ele para o Largo da Lapa e Rua do Passeio, e entrando eu na Rua do Catete. Nem por isso o perdi de memória. A gente do meu bonde ia saindo aqui e ali, outra gente entrava adiante e eu pensava no bonde elétrico. Assim fomos seguindo; até que, perto do fim da linha e já noite, éramos só três pessoas, o condutor, o cocheiro e eu. Os dois cochilavam, eu pensava.

4 De repente ouvi vozes estranhas, pareceu-me que eram os burros que conversavam, inclinei-me (ia no banco da frente); eram eles mesmos. Como eu conheço um pouco a língua dos Houyhnhnms, pelo que dela conta o famoso Gulliver, não me foi difícil apanhar o diálogo. Bem sei que cavalo não é burro; mas reconheci que a língua era a mesma. O burro fala menos, decerto; é talvez aquele que pertence à grande divisão animal, mas fala. Fiquei inclinado e escutei:

5 – Tens e não tens razão, respondia o da direita ao da esquerda.

6 O da esquerda:

7 – Desde que a tração elétrica se estenda a todos os bondes, estamos livres, parece claro.

8 – Claro parece; mas entre parecer e ser, a diferença é grande. Tu não conheces a história da nossa espécie, colega; ignoras a vida dos burros desde o começo do mundo. Tu nem refletes que, tendo o salvador dos

homens nascido entre nós, honrando a nossa humildade com a sua, nem no dia de Natal escapamos da pancadaria cristã. Quem nos poupa no dia, vinga-se no dia seguinte.

9 – Que tem isso com a liberdade?

10 – Vejo, redarguiu melancolicamente o burro da direita, vejo que há muito de homem nessa cabeça.

11 – Como assim? bradou o burro da esquerda, estacando o passo.

12 O cocheiro, entre dois cochilos, juntou as rédeas e golpeou a parelha.

13 – Sentiste o golpe? perguntou o animal da direita. Fica sabendo que, quando os bondes entraram nesta cidade, vieram com a regra de não se empregar chicote. Espanto universal dos cocheiros: onde é que se viu burro andar sem chicote? Todos os burros desse tempo entoaram cânticos de alegria e abençoaram a ideia dos trilhos, sobre os quais os carros deslizariam naturalmente. Não conheciam o homem.

14 – Sim, o homem imaginou um chicote, juntando as duas pontas das rédeas. Sei também que, em certos casos, usa um galho de árvore ou uma vara de marmeleiro.

15 – Justamente. Aqui acho razão ao homem. Burro magro não tem força; mas, levando pancada, puxa. Sabes o que a diretoria mandou dizer ao antigo gerente Shannon? Mandou isto: "Engorde os burros, dê-lhes de comer muito capim, muito feno, traga-os fartos, para que eles se afeiçoem ao serviço; oportunamente mudaremos de política, *all right*!"

16 – Disso não me queixo. Sou de poucos comeres; e menos trabalho quando estou repleto. Mas que tem o capim a ver com a nossa liberdade, depois do bonde elétrico?

17 – O bonde elétrico apenas nos fará mudar de senhor.

18 – De que modo?

19 – Nós somos bens da companhia. Quando tudo andar por arames, não somos já precisos, vendem-nos. Passamos naturalmente às carroças.

20 – Pela burra de Balaão! – exclamou o burro da esquerda. – Nenhuma aposentadoria? Nenhum prêmio? Nenhum sinal de gratificação? Oh! Mas onde está a justiça deste mundo?

21 – Passaremos às carroças – continuou o outro pacificamente – onde a nossa vida será um pouco melhor; não que nos falte pancada, mas o dono de um só burro sabe mais o que ele lhe custou. Um dia, a velhice, a doença, qualquer coisa que nos torne incapaz restituir-nos-á a liberdade...

22 – Enfim!

23 – Ficaremos soltos, na rua, por pouco tempo, arrancando alguma erva que aí deixem crescer para recreio da vista. Mas que valem duas dentadas de erva, que nem sempre é viçosa? Enfraqueceremos; a idade ou a doença ir-nos-á matando, até que, para usar esta metáfora humana, – esticaremos a canela. Então teremos a liberdade de apodrecer. Ao fim de três dias, a vizinhança começa a notar que o burro cheira mal; conversação e queixumes. No quarto dia, um vizinho, mais atrevido, corre aos jornais, conta o fato e pede uma reclamação. No quinto dia, sai a reclamação impressa. No sexto dia, aparece um agente, verifica a exatidão da notícia; no sétimo, chega uma carroça, puxada por outro burro, e leva o cadáver.

24 Seguiu-se uma pausa.

25 – Tu és lúgubre, disse o burro da esquerda. Não conheces a língua da esperança.

26 – Pode ser, meu colega; mas a esperança é própria das espécies fracas, como o homem e o gafanhoto; o burro distingue-se pela fortaleza sem par. A nossa raça é essencialmente filosófica. Ao homem que anda sobre dois pés, e provavelmente à águia, que voa alto, cabe a ciência da astronomia. Nós nunca seremos astrônomos. Mas a filosofia é nossa. Todas as tentativas humanas a este respeito são perfeitas quimeras. Cada século...

27 O freio cortou a frase ao burro, porque o cocheiro encurtou as rédeas, e travou o carro. Tínhamos chegado ao ponto terminal. Desci e fui mirar os dois interlocutores. Não podia crer que fossem eles mesmos. Entretanto, o cocheiro e o condutor cuidaram de desatrelar a parelha para levá-la ao outro lado do carro; aproveitei a ocasião e murmurei baixinho, entre os dois burros:

28 – Houyhnhnnms!

29 Foi um choque elétrico. Ambos deram um estremeção, levantaram as patas e perguntaram-me cheios de entusiasmo:

30 – Que homem és tu, que sabes a nossa língua?

31 Mas o cocheiro, dando-lhes de rijo na lambada, bradou para mim, que lhe não espantasse os animais. Parece que a lambada deveria ser em mim, se era eu que espantava os animais; mas como dizia o burro da esquerda, ainda agora: – Onde está a justiça deste mundo?

ASSIS, Machado de. [16 outubro]. In:_____. *A semana*: 1892. p. 107. Disponível em: <http://www.dominiopublico.gov.br/download/texto/bv000255.pdf>. Acesso em: 02 maio 2013. Adaptação das autoras.

A crônica de Machado de Assis foi retirada da obra *A semana*. Na primeira pessoa do discurso, o narrador aborda um acontecimento do dia a dia: a chegada dos bondes elétricos e o progresso advindo dessa nova tecnologia. A partir disso, faz uma reflexão pessoal sobre a modernidade, a fraqueza da condição humana, a liberdade e a justiça.

No parágrafo 1, o narrador afirma que não assistiu à inauguração dos bondes elétricos e não andou em nenhum deles. Menciona, porém, ter visto um bonde elétrico ao viajar pela zona urbana do Rio de Janeiro, num bonde de tração animal, dois dias antes do momento em que narra o fato.

O narrador diz, no segundo parágrafo, ter se impressionado com o ar de superioridade do condutor do novo meio de transporte. Com base nessa afirmação, é possível inferir que o orgulho no olhar do condutor deve-se ao fato de ele estar guiando um veículo que simbolizava a modernidade.

Na sequência (parágrafo 3), o narrador contempla o ritmo tranquilo do bonde elétrico. Para expressar sua reação, emprega a linguagem figurada: *Em seguida, admirei a marcha serena do bonde, deslizando como os barcos dos poetas, ao sopro da brisa invisível e amiga* (parágrafo 3). Por meio dessa comparação, o narrador aproxima o bonde dos barcos dos poetas pela suavidade de seu movimento, e transforma os dados da realidade em elementos estéticos.

No parágrafo 4, o narrador ouve a conversa dos burros e, a partir do 5º parágrafo, passa a transcrever o diálogo entre os dois animais. O burro da direita e o da esquerda discutem seu destino com a possível extinção dos bondes comuns, em virtude do advento dos bondes elétricos, e questionam-se se ficarão livres da opressão do homem.

A partir do diálogo dos burros, pode-se inferir que o da esquerda é ingênuo, sonhador e esperançoso; acredita na liberdade e na melhoria de vida. Por sua vez, o burro da direita é cético, realista, crítico, tem maior poder de reflexão e conhece a história de sua espécie. Talvez os dois burros representem grupos distintos de seres humanos: os acomodados e os críticos.

No decorrer da conversa entre os dois animais, o burro da direita conclui que, com a chegada dos bondes elétricos, eles mudarão apenas de proprietário e de atividade, pois passarão para as carroças. Diante disso, o burro da esquerda indaga: *Nenhuma aposentadoria? Nenhum prêmio? Nenhum sinal de gratificação? Oh! Mas onde está a justiça deste mundo?* (parágrafo 20). Como se observa, nesse texto machadiano, o efeito estético ocorre também pela presença da ironia, demonstrada na reação do burro da esquerda diante da afirmação do companheiro.

O animal da direita conclui ainda que os burros serão livres apenas quando não tiverem mais utilidade ao homem: forem velhos, doentes e vagarem pelas ruas até a chegada da morte.

Como se constata, o texto propõe uma reflexão sobre a espécie humana: o burro da direita afirma que [...] *a esperança é própria das espécies fracas, como o homem e o gafanhoto;* [...] *A nossa raça é essencialmente filosófica* (parágrafo 26). Percebe-se, nessa fala, certo ceticismo com relação ao homem, pois ele é considerado inferior ao burro, no que diz respeito à capacidade de filosofar.

Nos parágrafos 27-31, o narrador coloca que, quando o bonde chegou ao ponto terminal, ele desceu do carro e relinchou como os burros. Os animais ficaram agitados por verem que um ser humano conhecia sua língua. Segundo o narrador, a pancada que o cocheiro deu nos burros deveria ser para ele, pois fora ele quem os espantara. No final do texto, o narrador apropria-se da fala do burro da esquerda, a fim de propor uma pergunta retórica ao leitor: *Onde está a justiça deste mundo?* (parágrafo 31).

Os fatos narrados na crônica em estudo transcorrem num curto período de tempo, do final da tarde até o anoitecer, e num único espaço, dentro de um bonde de tração animal, que trafega por algumas ruas do Rio de Janeiro.

Nessa crônica há um narrador perspicaz e detalhista, pois faz o leitor ver o progresso de forma crítica. É uma crônica literária, visto que o autor trabalha os fatos da realidade de forma estética.

3.2 Estudo de texto

I. Pré-leitura

1) Dialogando sobre o gênero textual

a) Ao ler jornais e revistas, você costuma ler crônicas?

b) De que assunto tratavam as crônicas que você leu?

c) Para você, o que é uma crônica?

2) Dialogando sobre o autor do texto

a) Quem é o autor do texto *Escondo o amor na amizade*?

b) Você já leu outros textos desse autor? Quais?

3) Dialogando sobre o conteúdo do texto

a) Observe com atenção o texto e aponte o que segue.

➢ data de publicação:

➢ suporte de circulação:

➢ possível leitor:

b) O que você entende pelo título *Escondo o amor na amizade*?

c) O amor pode surgir de uma amizade? Por quê?

d) Num relacionamento amoroso, deve existir amizade? De que modo?

e) O amor pode se transformar numa amizade apenas? Por quê?

f) A partir do título *Escondo o amor na amizade*, o que se pode inferir acerca do tema de que tratará o texto?

II. Leitura

1) Leitura silenciosa da crônica literária.

2) Leitura em voz alta do gênero pelo professor ou por um aluno.

ESCONDO O AMOR NA AMIZADE

1 Eu respirava pela boca. A boca obrigada a falar e respirar ao mesmo tempo. O nariz preguiçoso, mais alto e forte, mandava nela. E ela obedecia.

2 Não descansava os lábios. Entreabertos. Cumprindo um turno pela voz e o outro pelo sopro. Os dentes como lápis apontados pelo vento.

3 Os lábios sem cola, sem comissura, sem liga. Os lábios levantando-se ao beijo todo sempre. No meio da escada.

4 Meus lábios não dormiram sequer uma vez em minha vida.

5 Do mesmo modo que trocava a boca pelo nariz, confundia a amizade com o amor.

6 Não amei nenhuma mulher pela atração simples e direta. Pela beleza fulminante. Pela sedução lacônica e apressada.

7 Não amei uma mulher à primeira vista. Meus amores foram a prazo, bem parcelados. Com o carnê cheio de folhinhas. Conversados longamente para encontrar a quietude. Observados, desesperados, lentos. Segurar inicialmente os braços, depois as mãos, bem depois o rosto.

8 Amei pela convivência, pelas afinidades, pelas discussões, pelos cantos da chuva, pelo sol pintado do meio-fio. Amei na continuidade, no alinhamento do riso, nas brincadeiras involuntárias. Amei ao expor confidências – as confidências já eram provas de que amava. Desabafei muito antes de amar, pedi muito ajuda antes de amar, fui incompreendido muito antes de amar.

9 Amei durante a semana mais do que nos finais de semana.

10 Amigo leal e pontual de uma menina, amigo inseparável, não tinha jeito: queria namorá-la. Não conseguia parar o corpo. O amor aparecia como compreensão inteira, dedicada. Não desejava uma mulher que não me entendesse, desejava quando ela me entendia. Percebia o amor como um segredo desde a escola. Um amigo secreto. Ele gosta de alguém e ninguém sabe. Ela gosta de alguém e ninguém sabe. Guardava-se uma paixão com coração e iniciais, sorrateiramente, na última página do caderno de matemática. Não era assim?

11 Escondia o amor dentro da amizade. Não havia melhor esconderijo.

12 A amizade me levava ao amor. Mas o amor, logo que encerrava, renunciava a amizade do começo. Não dava para voltar à amizade quando me declarava. Para continuar, a amizade não pode ter a consciência do amor. A amizade termina se o amor surge, a amizade termina igualmente se o amor acaba.

13 Não mudei com o tempo. Amo pela amizade, respiro pela boca, converso pela respiração.

CARPINEJAR, Fabrício. *Escondo o amor na amizade*. Postado pelo autor em 10 ago. 2006. Disponível em: <http://fabriciocarpinejar.blogspot.com/2010/01/1082006-094109-am_9305.html>. Acesso em: 11 nov. 2011.

III. Atividades orais de interpretação

1) As hipóteses que você levantou a respeito do possível tema da crônica se confirmam após a leitura? Comente.

2) Que fato do cotidiano Carpinejar utiliza para propor a reflexão?

3) Na crônica, com que o autor compara a amizade e o amor? Por que faz isso?

4) Conforme o texto, que relação existe entre amar e expor confidências?

5) O que se depreende da afirmativa: *Amei durante a semana mais do que nos finais de semana* (parágrafo 9)?

6) Qual é a principal finalidade comunicativa da crônica lida?

IV. Atividades escritas de interpretação

1) Reescreva os fragmentos do texto, substituindo as palavras em negrito por sinônimos. Considere o contexto em que os vocábulos foram empregados e faça os ajustes necessários.

   a) *Não descansava os lábios.* ***Entreabertos*** (parágrafo 2).

   b) *Amei pela convivência, pelas* ***afinidades****, pelas* ***discussões****, pelos cantos da chuva, pelo sol pintado do meio-fio* (parágrafo 8).

   c) *Mas o amor, logo que* ***encerrava****,* ***renunciava*** *a amizade do começo* (parágrafo 12).

2) Observe o décimo parágrafo da crônica em estudo e complete as lacunas com sinônimos. Leve em conta o contexto e faça os ajustes necessários.

Amigo leal e pontual de uma........................., amigo inseparável, não tinha jeito: .... namorá-la. Não conseguia parar o corpo. O amor......................... como........................ ...., ... Não............................. uma mulher que não me ...., ... quando ela me .... o amor como um segredo desde a escola. Um amigo secreto. Ele .... alguém e ninguém sabe. Ela.................................... alguém e ninguém sabe. Guardava-se uma paixão com coração e iniciais, ..., na última página do caderno de matemática. Não era.............................?

3) Explicite a relação existente entre as afirmações que seguem.

a) *Os lábios levantando-se ao beijo todo sempre* (parágrafo 3).

b) *Meus lábios não dormiram sequer uma vez em minha vida* (parágrafo 4).

4) Que diferença há entre amar uma mulher à primeira vista e ter amores a prazo? Com qual das duas situações o cronista se identifica?

5) Qual é a possível intenção do autor ao apresentar a sequência de ações: *Segurar inicialmente os braços, depois as mãos, bem depois o rosto* (parágrafo 7)?

6) O que você entende por *Amei pela convivência, pelas afinidades, pelas discussões, pelos cantos da chuva, pelo sol pintado do meio-fio* (parágrafo 8)?

7) Por que o cronista concebe o amor como um segredo desde a escola?

8) No final do parágrafo 10, encontramos uma pergunta retórica: *Não era assim?* Qual é o provável objetivo do autor com esse questionamento?

9) Você concorda com a afirmação: *Escondia o amor dentro da amizade. Não havia melhor esconderijo* (parágrafo 11)? Fundamente seu ponto de vista com argumentos consistentes.

10) De acordo com a crônica, a amizade leva ao amor, mas o amor, logo que encerra, renuncia a amizade do começo. Explique essa afirmativa.

11) Explicite seu ponto de vista em relação à frase: *A amizade termina se o amor surge* [...] (parágrafo 12).

12) O vocabulário da crônica apela para as emoções ou direciona-se mais para uma argumentação lógica? Por que isso ocorre?

V. Práticas de análise da linguagem e reflexão linguística

1) Qual é a pessoa do discurso em que a crônica está escrita? Que efeito essa opção provoca na construção do sentido do texto?

2) A crônica inicia com um pronome pessoal. Que pronome é esse? Por que ele é empregado apenas no início do texto e omitido no restante?

3) No primeiro parágrafo, a seleção dos adjetivos para caracterizar o nariz e a boca expressa um juízo de valor por parte do cronista. Explique.

4) Ao se referir à relação de poder que existe entre o nariz e a boca, o que sugere o uso dos adjetivos ***alto*** e ***forte*** (parágrafo 1)?

5) Veja a frase: *Os lábios **sem cola, sem comissura, sem liga*** (parágrafo 3). Troque as locuções adjetivas em negrito por adjetivos, de modo a assegurar o sentido da frase no texto.

6) Substitua os adjetivos em destaque por uma oração. Mantenha o sentido que possuem no texto. Siga o exemplo.

   *Um amigo **secreto*** (parágrafo 10).

   Um amigo **que não se revela**.

   a) *O nariz **preguiçoso**, mais alto e forte, mandava nela* (parágrafo 1).

   b) *Pela beleza **fulminante**. Pela sedução **lacônica** e **apressada*** (parágrafo 6).

   c) *Amei na continuidade, no alinhamento do riso, nas brincadeiras **involuntárias*** (parágrafo 8).

7) Agora, faça o contrário: substitua a oração em destaque por um adjetivo equivalente. Lembre-se de manter o sentido original da frase no texto.

*Não desejava uma mulher **que não me entendesse**, desejava quando ela me entendia* (parágrafo 10).

8) Releia o primeiro parágrafo da crônica e resolva as questões.

   a) Qual é o tempo verbal predominante?

   b) Aponte outro parágrafo do texto em que esse mesmo tempo verbal é usado.

cativo.

d) Quanto ao sentido geral do parágrafo 1, que diferença você após reescrevê-lo com os verbos no presente?

9) Leia com atenção os parágrafos 5 a 9. Os verbos desses dois paráç estão no passado, porém não no mesmo tempo verbal.

a) Em que tempo estão os verbos do parágrafo 5?

b) E os verbos dos parágrafos 6 a 9?

c) Qual é a diferença de sentido existente entre esses dois tempo bais?

10) No décimo parágrafo da crônica, o narrador emprega o pretérit perfeito do indicativo nas cinco primeiras frases, e na sétima e c faz uso do presente do indicativo. Por que ele intercala esses te verbais?

11) Atente para a frase: *Guardava-**se** uma paixão com coração e iniciai rateiramente, na última página do caderno de matemática* (pará 10). Explique o efeito de sentido que provoca o uso da partícula s

12) Observe a expressão ***atração simples*** (parágrafo 6). Se o vocábulc ***ples*** fosse deslocado para antes da palavra ***atração*** (simples atr haveria alteração de sentido? Justifique.

13) No primeiro parágrafo, há palavras que se opõem quanto ao sent

a) Identifique essas palavras e diga que efeito o uso desse recursc voca no leitor.

b) Localize nos demais parágrafos do texto outros vocábulos q opõem.

14) Leve em conta o sentido global da crônica e justifique a repetiçã vocábulo **muito** na frase: *Desabafei **muito** antes de amar, pedi **r** ajuda antes de amar, fui incompreendido **muito** antes de amar* (par fo 8)?

15) Qual é a tipologia textual que dá suporte ao texto? Justifique.

Narração ( ); descrição ( ); dissertação ( ); predição ( ); injunçãc explicação ( ).

3.3 Produção textual

I. Produção escrita

Escolha uma das opções a seguir para a produção de uma crônica. Imagine que seu texto será publicado num jornal de circulação regional.

a) Relembre seu primeiro amor e faça uma reflexão sobre os sentimentos e circunstâncias que envolveram esse relacionamento.

b) Atente para um fato pitoresco que tenha despertado sua atenção e reflita a respeito dele.

A partir das observações de seu professor e mediante as inadequações verificadas por meio de sua própria leitura, reescreva seu texto.

II. Produção oral

Leia a crônica que você produziu aos seus colegas e professor.

III. Retextualização do gênero

Sintetize o conteúdo da crônica *Escondo o amor na amizade*. Em seguida, poste o resumo no *Facebook*.

4 Conto popular

O conto popular, segundo Machado (1994), consiste num gênero textual narrativo de tradição oral, criado a partir de situações imaginárias de caráter universal que sobrevivem ao longo do tempo, conhecidas pelos mais diferentes povos das mais distantes regiões. Conforme a autora, esse gênero nasce de forma espontânea e não segue normas estabelecidas pela cultura oficial.

O gênero originou-se na antiguidade, apesar de ter sofrido alterações no decorrer do tempo (LEAL, 1985); é transmitido oralmente de uma geração a outra. Entre os contos populares mais conhecidos, destacam-se: *João e Maria*, *Uma das de Pedro Malas-Artes*, *Aladim e a lâmpada maravilhosa*, *Ali Babá e os quarenta ladrões* e *Simbad, o marujo*.

De acordo com Vale (2001), geralmente o conto popular constitui uma variante de histórias trazidas pelas etnias que compõem o povo de nosso país. O folclorista Sylvio Roméro, por exemplo, coletou contos populares de proveniência europeia em Sergipe, Pernambuco e Rio de Janeiro, e publicou esses textos na obra *Contos populares do Brazil* (1885).

Os contos populares são recolhidos da oralidade, registrados por escrito e, quase sempre, publicados em coletâneas. Segundo Cascudo (1978), na maioria das vezes quem ouve o conto aproveita seu conteúdo para recriá-lo numa perspectiva literária.

A situação de produção e recepção desse gênero é informal quando é transmitido pelos contadores, os quais geralmente mantêm com os ouvintes um vínculo de amizade ou parentesco. Conforme Guesse e Volobuef (2008), os contadores valem-se da expressão corporal para subsidiar a fala e encantar os ouvintes. Por sua vez, quando o gênero assume a forma escrita, a situação de produção e recepção passa a ser formal, e os interlocutores são desconhecidos.

Esse tipo de conto não tem autor por ser uma manifestação da cultura popular. De acordo com Machado (1994), é possível conhecer vários povos, situações e costumes que diferem do nosso cotidiano por meio desse gênero.

Segundo a autora, o conto popular constitui um dos mais antigos gêneros orais. Para ela, esse gênero trata do comportamento e dos conflitos do homem, do confronto entre fortes e fracos, pobres e ricos, e do triunfo do bem sobre o mal; aborda também a cobiça e a exploração do ser humano por seu semelhante e a importância dos valores morais: honestidade, bondade, solidariedade etc. Por exemplo, o conto popular *Três moços malvados*, coletado por Ricardo Azevedo (2001), narra a história de três caçadores de mau caráter que encontram três sacos cheios de dinheiro na floresta. Um deles vai à cidade comprar vinho para festejar, e os outros dois o aguardam. Um dos moços que permanece na floresta mata o outro, a fim de ficar com o tesouro. O homem que está na cidade tem a mesma ideia: providencia vinho envenenado para matar os outros dois caçadores. Mas, quando chega à floresta, é morto por um tiro de seu companheiro. O único sobrevivente bebe o vinho envenenado e também morre. Esse conto mostra as consequências da ganância do ser humano.

O conto popular tem a narração como tipologia textual de base, pois há o relato de situações, fatos e acontecimentos, reais ou imaginários. A história coloca em ação personagens situadas em um tempo e espaço, e não se restringe a representar fatos da realidade. Conforme Leal (1985), esse gênero pertence ao mundo dos sonhos, das fantasias, mistérios e magias, e os heróis são seres humanos. Um exemplo da presença da magia é o conto *Aladim e a lâmpada maravilhosa*, no qual o protagonista, Aladim, ao esfregar uma lâmpada mágica, liberta um gênio que atende seus desejos.

O enredo do conto popular prioriza os conflitos, seu desenrolar e como foram solucionados. Desconhece limites de tempo e espaço, e os fatos acontecem em várias épocas. Para Machado (1994), normalmente o texto inicia pela expressão *Era uma vez...*, que localiza os fatos no passado, mas não define quando exatamente ocorreram nem a duração do enredo. No que diz respeito ao espaço, as ações da narrativa situam-se em diversos locais quase sempre pouco definidos. Por exemplo, no conto popular *Três moços malvados*, já referido, as ações transcorrem numa floresta e numa cidade, cujo nome e localização não são mencionados.

Segundo Machado (1994), o conto popular estrutura-se em *situação inicial, motivo, motivações* e *resolução dos conflitos* ou *conclusão*. Segue a explicitação dessas partes.

a) *Situação inicial*: apresenta as personagens, inseridas num tempo e espaço, vivendo determinada situação. Quase sempre as personagens têm algum problema que resultará no conflito.

b) *Motivo*: é a razão do conflito e dos demais problemas presentes no conto. Constitui o elemento mais importante do conto, a partir do qual a narrativa se estrutura.

c) *Motivações*: são situações breves vinculadas ao foco da narrativa que conduzem as personagens a efetuarem certa ação. Geralmente sofrem modificações quando as histórias são recontadas.

d) *Resolução dos conflitos* ou *conclusão*: há a volta ao equilíbrio, com a resolução dos conflitos.

Conforme Leal (1985), ao término da história, o narrador pode intervir, por meio da apresentação de uma moral. É possível verificar isso no conto popular *Três moços malvados*, mencionado anteriormente, no qual consta a seguinte frase no final do texto: *Assim, o laço do diabo terminou de apertar seu nó* (AZEVEDO, 2001, p. 34). Dessa sentença, pode-se depreender que o diabo representa a maldade dos três caçadores: movidos pela ambição, eles acabam caindo em suas próprias armadilhas e matam uns aos outros, de modo que nenhum deles fica com o tesouro.

O narrador, afirma Leal (1985), pode também, ao findar a história, inserir alguns versos rimados que suscitam o riso. Por exemplo, no final do conto *O papagaio do limo verde*, coletado por Sylvio Roméro, constam os seguintes versos: *Entrou por uma porta, / Saiu por um pé de pato; / Manda o rei, meu senhor, / Que me conte quatro* (1885, p. 65).

De acordo com Luzia de Maria (2004), o conto popular tem função educativa, uma vez que traz ensinamentos morais e éticos ou visões de mundo. Exemplifica-se: no conto *A raposinha* (1885), coletado por Sylvio Roméro, os bons são recompensados e os maus, castigados. Veja o resumo desse conto: um príncipe percorre várias terras, a fim de descobrir a cura da cegueira de seu pai. Enfrenta diversos desafios e precisa conquistar coisas valiosas, inclusive a filha do rei. Seus irmãos, com inveja, tentam matá-lo para ficar com suas riquezas. Porém, no final da narrativa, o príncipe encontra a cura da doença do pai, casa-se com a princesa e seus irmãos são punidos por sua maldade.

O conto popular utiliza uma linguagem espontânea, clara e de fácil compreensão. Segundo Leal (1985), por empregar uma linguagem universal, esse gênero perpetua-se ao longo do tempo.

No conto popular, predominam as orações coordenadas sobre as subordinadas. Há o uso de repetições para ressaltar aspectos da narrativa. Por exemplo, no conto *Uma das de Pedro Malas-Artes*, coletado por Sylvio Roméro, o narrador vale-se reiteradamente do vocábulo *muito* com o intuito de intensificar o efeito provocado nas demais personagens pelas trapaças de Malas-Artes, um indivíduo astuto, hipócrita e invencível: *Ela custa* ***muito*** *a dormir* [...]. *Os donos da casa ficaram* ***muito*** *aflitos* [...]. *O rei ficou* ***muito*** *admirado* (1885, p. 15-17).

Nesse gênero, o narrador usa a primeira ou a terceira pessoa do discurso para apresentar os fatos. Na maioria das vezes, constrói o texto com verbos no pretérito perfeito, imperfeito e mais-que-perfeito do indicativo. Utiliza o pretérito perfeito para exprimir um fato passado, observado depois de concluído; vale-se do pretérito imperfeito para assinalar um fato anterior ao momento em que fala, mas não o toma como acabado; e do pretérito mais-que-perfeito para mencionar um fato passado ocorrido antes de outro fato também passado.

4.1 Análise ilustrativa

O AVÔ E O NETINHO

1 Já bastante velho, fatigado por uma longa existência de trabalhos e canseiras, sem forças e doente de velhice – porque a velhice é também uma doença – estava tio Benedito, o bom e estimado velhote tio Benedito: oitenta anos pesavam-lhe às costas, como um grande fardo que ele a custo carregava.

2 Na sua mocidade, e mesmo durante parte da velhice, ninguém trabalhara mais do que ele; honesto sempre, mourejando, dia e noite, para o sustento de sua família.

3 Como não podia mais fazer serviço algum, alquebrado pela idade, foi morar em casa de Augusto, seu filho mais moço, já com um filhinho de três para quatro anos: o pequenino e interessante Luís, vivo e esperto como poucos.

4 Velho e enfermo qual estava, tio Benedito como que voltara à primeira infância. Mal se sustinha sozinho, trêmulo, muito trêmulo, quase sem poder andar e, por isso, eram necessários inúmeros cuidados com ele.

5 Quando se sentava à mesa para o almoço e o jantar, derramava sopa na toalha, quebrava pratos e copos, com as mãos fracas como uma criança arteira e estouvada.

6 Augusto e sua mulher Henriqueta aturavam-no com dificuldade, zangados, contrariados, aborrecidos, principalmente com o prejuízo diário que o pai lhes dava.

7 Afinal, não podendo mais suportar o velho, resolveram comprar uma cuia. E, às horas das refeições, sentavam-no no chão, perto da mesa, e davam-lhe a comida naquela tosca vasilha.

8 Quando o pequenino Luisinho viu que o avô não se sentava mais à mesa, ficou triste, mas não disse nenhuma palavra. Estranhou aquilo, porque a sua almazinha desabrochava formosamente para o bem; e, se não manifestou a sua impressão, foi por supor que assim se fazia sempre com os velhinhos: não se sentavam à mesa, nem comiam em pratos como os outros.

9 O pequeno Luís era o único que verdadeiramente estimava o ancião. Próximos entre si, aquela primavera e aquele inverno, aquela criança e aquele velho, ambos na infância, ambos no crepúsculo da vida.

10 Dias depois, Augusto e Henriqueta viram o filho entretido, brincando com alguns pedaços de tábuas, um martelo e pregos, como não tinha por costume fazer.

11 A mãe, estranhando aquilo, perguntou:

12 – Que estás fazendo aí, Luisinho?

13 – Estou fazendo um prato, para dar de comer ao papai e à mamãe, quando eu for grande e vocês já estiverem velhinhos como o vovô – respondeu ingenuamente a criança.

14 Henriqueta e Augusto entreolharam-se confusos, vexados e arrependidos da sua ingratidão, e de novo trouxeram o pai para se sentar à mesa em sua companhia.

Desde então, trataram-no com todo o respeito, o desvelo e a consideração que os filhos devem aos pais.

PIMENTEL, Figueiredo. O avô e o netinho. In: _____. *Histórias da avozinha*. Rio de Janeiro: [s.n.], 1896. Disponível em: <http://www.dominiopublico.gov.br/download/texto/bn000137.pdf>. Acesso em: 18 abr. 2013. Adaptação das autoras.

O conto popular *O avô e o netinho* foi publicado em 1896. Figueiredo Pimentel coletou esse texto. Ele circula até hoje em diversas versões, por meio da tradição oral e também sob forma escrita.

O conto popular em estudo estrutura-se em *situação inicial*, *motivo*, *motivações* e *resolução dos conflitos* ou *conclusão*.

A situação inicial apresenta Benedito, um velho de oitenta anos, bom, estimado, mas doente e cansado pelos diversos anos de trabalho.

O conflito consiste no fato de o casal, Augusto e Henriqueta, colocar o senhor sentado no chão para fazer as refeições, e servir-lhe a comida numa cuia. O *motivo* do conflito é tio Benedito passar a residir na casa do filho Augusto, por não ter condições de fazer nenhum serviço e, na hora das refeições, sujar a toalha e quebrar a louça.

As *motivações* são situações breves relacionadas ao foco da narrativa: a velhice de tio Benedito. Elas se resumem na exposição das características do avô, no descontentamento do casal com o comportamento do velho e na reação do neto Luisinho perante a atitude dos pais.

A *resolução dos conflitos* ou *conclusão* ocorre quando o casal, diante da resposta do filho, se arrepende de sua atitude, traz o velho de volta para sentar-se à mesa e passa a tratá-lo bem.

O texto traz implícito um ensinamento que pode ser entendido da seguinte forma: devemos tratar bem os idosos, pois um dia nós também chegaremos à velhice.

O conto *O avô e o netinho* vale-se de uma linguagem de fácil compreensão. Há presença da linguagem figurada, como se observa nos fragmentos: *Estranhou aquilo, porque a sua almazinha desabrochava formosamente para o bem* [...] (parágrafo 8); *Próximos entre si, aquela primavera e aquele inverno, aquela criança e aquele velho, ambos na infância, ambos no crepúsculo da vida* (parágrafo 9).

O narrador utiliza a terceira pessoa do discurso com a finalidade de apresentar os fatos, já que não participa das ações, mas apenas observa. Emprega predominantemente o pretérito perfeito do indicativo (*veio*, *resolveram*, *viu*, *foi*, *disse*...), pois relata ações acabadas no passado. Usa também verbos no pretérito imperfeito do indicativo (*estava*, *sentava*, *desabrochava*, *estimava*...), visto que as ações não concluídas no passado têm continuidade.

O conto popular em estudo possui tipologia textual de base narrativa, porque conta um fato e envolve personagens. O enredo se desenvolve num espaço restrito, na casa de Augusto, e o tempo de duração dos fatos não está determinado no texto.

A descrição também se faz presente, sobretudo, para mostrar as características e o comportamento de tio Benedito: *Quando se sentava à mesa para o almoço e o jantar, derramava sopa na toalha, quebrava pratos e copos, com as mãos fracas como uma criança arteira e estouvada* (parágrafo 5).

O narrador é parcial, visto que explicita sua opinião: concebe a velhice como uma doença e equipara os velhos às crianças.

O conto popular *O avô e o netinho* é uma narrativa em prosa de acontecimentos fictícios, produzida com o objetivo de transmitir um ensinamento. Apresenta uma situação imaginária de caráter universal: o tratamento que muitos idosos recebem na sociedade.

4.2 Estudo de texto

I. Pré-leitura

1) Dialogando sobre o gênero textual

a) Para você, o que é um conto? O que significa popular? No que consiste, então, um conto popular?

b) Você já leu contos populares? Cite alguns.

2) Dialogando sobre o autor do texto

a) O texto possui autor? Por quê?

b) Qual é a função de Sylvio Roméro na construção desse texto?

3) Dialogando sobre o conteúdo do texto

a) O que o vocábulo *Pernambuco*, colocado após o título, indica?

b) Quando e em que obra o conto foi publicado?

c) O que o título da obra sugere?

d) Em que país o conto foi editado? Como você chegou a essa conclusão?

e) Atualmente, onde podemos ter acesso a esse texto?

f) Há alguma palavra no título da obra que gera estranhamento quanto à grafia? Qual? Por quê?

g) Quem são os prováveis leitores desse texto?

h) Observe com atenção o título do texto: *A cumbuca de ouro e os marimbondos*. O que é uma cumbuca?

i) Será que a cumbuca é feita de ouro ou contém ouro em seu interior?

j) O que são marimbondos?

k) Que relação pode existir entre a cumbuca de ouro e os marimbondos?

l) Leia com atenção a primeira frase do texto: *Havia dois homens, um rico e outro pobre, que gostavam de pregar peças um ao outro.*

➢ Que personagens aparecem nesse fragmento?

➢ O que significa *pregar peças um ao outro*?

m) Imagine a possível trama do conto popular. Para isso, considere o título e a primeira frase do texto.

II. Leitura

1) Leitura silenciosa do conto popular.

2) Leitura em voz alta do gênero pelo professor ou por um aluno.

A CUMBUCA DE OURO E OS MARIMBONDOS

(Pernambuco)

1 Havia dois homens, um rico e outro pobre, que gostavam de pregar peças um ao outro. Foi o compadre pobre à casa do rico pedir um pedaço de terra para fazer uma roça. O rico, para pregar uma peça ao outro, deu-lhe a pior terra que tinha. Logo que o pobre teve a confirmação de que receberia a terra, foi para casa contar à mulher, e ambos foram ver o terreno.

2 Chegando lá, o marido viu uma cumbuca de ouro, e, como estava nas terras do compadre rico, o pobre não quis levá-la para casa, e foi dizer ao outro que em suas matas havia aquela riqueza.

3 O rico ficou logo todo agitado, e não quis mais que o compadre trabalhasse em suas terras. Quando o pobre se retirou, o outro correu com sua mulher para a mata, a fim de ver a grande riqueza. Ao chegar lá, o que achou foi uma grande casa de marimbondos; meteu-a num saco e tomou o caminho do casebre do pobre.

4 Logo que o compadre rico avistou o compadre pobre, foi gritando:

5 – Ó compadre, fecha as portas, e deixa somente um lado da janela aberto!

6 O compadre assim o fez, e o rico, chegando perto da janela, atirou a casa de marimbondos dentro da casa do amigo, e gritou:

7 – Fecha a janela, compadre!

8 Mas os marimbondos bateram no chão e transformaram-se em moedas de ouro. O pobre chamou a mulher e os filhos para ajuntá-las. O ricaço gritava então:

9 – Ó compadre, abra a porta!

10 Ao que o outro respondia:

11 – Deixe-me, que os marimbondos estão me matando!

12 E assim ficou o pobre rico, e o rico, ridículo.

A CUMBUCA de ouro e os marimbondos. In: ROMÉRO, Sylvio (Org.). *Contos populares do Brazil*. Lisboa: Nova Livraria Internacional, 1885. p. 136-137. Disponível em: <http://www.brasiliana.usp.br/bbd/handle/1918/01614000#page/1/mode/1up>. Acesso em: 17 ago. 2011. Adaptação das autoras.

III. Atividades orais de interpretação

1) As hipóteses que você levantou a respeito da trama do conto popular se confirmam após a leitura? Comente.
2) Que relação existe entre as duas personagens do conto popular?
3) Qual é o pedido que o homem pobre faz ao rico? Com que objetivo?
4) Por que o homem rico dá sua pior terra ao pobre?
5) Qual é a atitude do homem pobre diante da concessão feita pelo rico?
6) Por que o homem rico não deseja mais que o pobre trabalhe em suas terras?
7) Qual é a razão de o homem rico correr para a mata?
8) O que o homem rico encontra ao chegar à mata?
9) Que ensinamento pode-se depreender a partir da leitura desse conto popular?
10) Na sua opinião, o ensinamento trazido pelo conto popular se aplica à sociedade atual? Por quê?

IV. Atividades escritas de interpretação

1) Reescreva as frases do texto, substituindo as palavras em negrito por sinônimos. Considere o contexto de emprego dos vocábulos e faça os ajustes necessários.

   a) *Logo que o pobre teve a* ***confirmação*** *de que receberia a terra, foi para casa contar à mulher, e* ***ambos*** *foram ver o terreno* (parágrafo 1).

   b) *Logo que o compadre rico* ***avistou*** *o compadre pobre, foi gritando:*

   – Ó compadre, fecha as portas, e deixa ***somente*** *um lado da janela aberto!* (parágrafos 4-5)

   c) *Mas os marimbondos bateram no chão e* ***transformaram-se*** *em moedas de ouro. O pobre chamou a mulher e os filhos para* ***ajuntá-las*** (parágrafo 8).

2) Em que local(is) ocorre(m) os fatos narrados em *A cumbuca de ouro e os marimbondos*?
3) Na situação inicial, o narrador apresenta as personagens envolvidas na trama do conto popular. Caracterize essas personagens.

4) Identifique o conflito em torno do qual se desenvolve a narrativa.

5) Qual foi o motivo que causou o conflito?

6) Qual é o momento de maior tensão do conto? Por que isso ocorre?

7) O rico grita: *Ó compadre, abra a porta!* (parágrafo 9). Qual é o possível motivo para ele fazer esse pedido?

8) Em sua opinião, por que o homem pobre responde aos gritos do rico com a frase: – *Deixe-me, que os marimbondos estão me matando!* (parágrafo 11)?

9) Como se dá a resolução do conflito da narrativa?

10) Como a magia se faz presente no texto? Por que ela provavelmente aparece?

11) Levante hipóteses: qual é o tempo de duração dos fatos no conto popular em estudo? Justifique sua resposta.

12) Considere o sentido global do texto e explique o significado da frase: *E assim ficou o pobre rico, e o rico, ridículo* (parágrafo 12).

V. Práticas de análise da linguagem e reflexão linguística

1) Observe o narrador do conto popular.

   a) Qual é a pessoa do discurso que ele utiliza para apresentar os fatos? Comprove sua resposta com um fragmento do texto.

   b) O que isso representa em relação ao ponto de vista do narrador?

2) Atente para o emprego dos verbos no texto.

   a) Qual é o tempo verbal predominante quando o narrador conta os fatos? Cite exemplos.

   b) A partir do uso desse tempo verbal, o que ficamos sabendo sobre os fatos narrados?

   c) Em que tempo estão os verbos dos diálogos?

   d) Nas falas, as personagens empregam o mesmo tempo verbal que o narrador utiliza para expor os fatos? Por quê?

3) Nos parágrafos 4 a 12 do conto popular, o autor usa o discurso direto para apresentar o diálogo entre as personagens. Reescreva os parágra-

4) No conto popular em estudo, o autor emprega reiteradament
bulos ***rico*** e ***pobre***. Observe os fragmentos a seguir.

I) *O **rico**, para pregar uma peça ao outro, deu-lhe a pior terra*
*Logo que o **pobre** teve a confirmação de que receberia a ter*
casa contar à mulher, e ambos foram ver o terreno (parágrafo

II) *O **rico** ficou logo todo agitado, e não quis mais que o compa*
*lhasse em suas terras. Quando o **pobre** se retirou, o outro c*
sua mulher para a mata, a fim de ver a grande riqueza (parág

III) *Logo que o compadre **rico** avistou o compadre **pobre**, foi gri*

– Ó compadre, fecha as portas, e deixa somente um lado da jan
(parágrafos 4-5).

IV) *E assim ficou o **pobre rico**, e o **rico**, ridículo* (parágrafo 12).

a) No fragmento I, qual é a função dos vocábulos ***rico*** e ***p***
mear um ser ou caracterizá-lo?

b) E no fragmento II, esses vocábulos exercem a mesma fu
tifique.

c) Faça o mesmo raciocínio para analisar os fragmentos III

d) Em qual das ocorrências anteriores as palavras ***rico*** e ***p***
adjetivos? Por quê?

e) Localize no texto outra situação na qual os vocábulos ***ric***
são adjetivos e diga a que ou a quem cada um deles se

5) Qual é o referente dos pronomes em negrito?

a) *O rico, para pregar uma peça ao outro, deu-**lhe** a pior terra*
(parágrafo 1).

b) *Mas os marimbondos bateram no chão e transformaram-se e*
*de ouro. O pobre chamou a mulher e os filhos para ajuntá-**las***
fo 8).

6) Retome o segundo e o terceiro parágrafos do texto e leia co
as duas frases que seguem.

I) *Chegando* ***lá****, o marido viu uma cumbuca de ouro, e, como estava nas terras do compadre rico, o pobre não quis levá-****la*** *para casa, e foi dizer ao outro que em suas matas havia aquela riqueza* (parágrafo 2).

II) *Ao chegar* ***lá****, o que achou foi uma grande casa de marimbondos; meteu-****a*** *num saco e tomou o caminho do casebre do pobre* (parágrafo 3).

a) O advérbio ***lá*** faz referência ao mesmo termo nas duas ocorrências? Ele indica o mesmo lugar? Explique.

b) Os pronomes destacados, ***la*** e ***a***, retomam a mesma expressão do texto? Justifique.

7) Releia os parágrafos 6, 7 e 8 do texto.

a) A conjunção ***mas*** (parágrafo 8) contrapõe duas ideias. Indique-as.

b) Por qual(is) palavra(s) essa conjunção poderia ser substituída, sem alterar seu sentido? Explicite.

8) Atente para os fragmentos do texto a seguir.

I) ***Logo que*** *o pobre teve a confirmação de que receberia a terra, foi para casa contar à mulher, e ambos foram ver o terreno* (parágrafo 1).

II) ***Quando*** *o pobre se retirou, o outro correu com sua mulher para a mata, a fim de ver a grande riqueza* (parágrafo 3).

III) ***Logo que*** *o compadre rico avistou o compadre pobre, foi gritando:*

– Ó compadre, fecha as portas, e deixa somente um lado da janela aberto! (parágrafos 4-5).

a) Se trocarmos as expressões em negrito uma pela outra, haverá mudança de sentido? Justifique.

b) Que expressões poderiam substituir cada um dos termos sem prejuízo para o sentido original das frases?

9) O texto que você leu é predominantemente:

( ) narrativo; ( ) descritivo; ( ) dissertativo; ( ) injuntivo; ( ) explicativo; ( ) preditivo. Justifique sua resposta.

4.3 Produção textual

I. Produção escrita

A seguir, você tem o início de um conto popular coletado por Sylvio Roméro. Use sua imaginação e dê continuidade à narrativa. Lembre-se de atribuir um título ao texto.

Um homem, de nome Manoel, casou-se com uma mulher chamada Maria e tiveram um filho: João. Os pais, muito pobres, não lhe ensinaram a ler. Porém, João era muito esperto. Um dia, foi passear com uma cachorrinha que sua avó lhe dera. No caminho, soube que, no reino das três princesas, haveria um casamento com uma das filhas do rei e uma grande festa, dentro de quinze dias, se alguém decifrasse uma adivinhação. Muitos homens já haviam morrido na forca por não poderem decifrar a adivinhação.

O MATUTO João. In: ROMÉRO, Sylvio (Org.). *Contos populares do Brazil*. Rio de Janeiro: José Olympio, 1885. p. 122-124. Adaptação das autoras.

II. Produção oral

Pesquise junto a seus familiares e amigos um conto popular. Apresente-o aos colegas e professor em forma de exposição oral.

III. Retextualização do gênero

Retome o enredo do conto popular *A cumbuca de ouro e os marimbondos*. Imagine que a notícia do súbito enriquecimento do homem pobre se espalhou pela cidade. A imprensa local investigou o fato e publicou uma entrevista com esse homem.

Produza a entrevista a ser veiculada em um jornal de âmbito regional. Para isso, leia exemplos desse gênero textual em jornais e revistas e pesquise suas características.

5 Lenda

A lenda, para Moisés (2004), é um gênero textual em que um fato histórico se amplia e sofre transformações a partir do imaginário popular. Normalmente, segundo o autor, a veracidade se dissipa no decorrer do tempo e resta apenas a versão folclórica dos acontecimentos.

A lenda é um gênero muito antigo, transmitido de uma geração para outra por meio da tradição oral, e perdura ao longo do tempo. Conforme Machado (1994), o período da história em que mais se criaram lendas foi a Antiguidade, seguido pela Idade Média. De acordo com Cascudo (1972), esse gênero textual vincula-se a certo espaço geográfico e estabelece relação com o momento histórico do povo que lhe deu origem. Por exemplo, *A lenda do açaí*, fruto de uma palmeira nativa de alguns estados do norte do Brasil, vincula-se ao espaço geográfico da cidade de Belém.

Esse gênero quase sempre é breve, e pode ser encontrado em verso ou prosa. Cascudo (1967) afirma que seu processo de produção tem origem letrada, mas sua matéria-prima é oriunda das narrativas criadas pelo povo. Por ter vínculo com a oralidade, a autoria da lenda é anônima; é coletada e publicada por um escritor ou folclorista.

O público-alvo a que esse gênero se destina são os ouvintes e leitores em geral. Na transmissão escrita, os interlocutores são desconhecidos e, na transmissão oral, são conhecidos. Para Coelho (2003), a lenda pode ser contada por qualquer indivíduo em qualquer ocasião.

Na opinião da referida autora, as lendas tratam de fenômenos e coisas que o ser humano não compreendia: espécies animais, assombrações e fenômenos metafísicos, como deuses, espíritos e forças sobrenaturais. Exemplo disso é o texto *O lobisomem*, monstro responsável por atacar animais e pessoas. Outras lendas brasileiras abordam esses temas: *Boitatá* – grande cobra de fogo que castiga quem incendeia a floresta; *Saci-Pererê* – menino negro e muito travesso, com uma perna só.

Ainda em relação ao conteúdo, Machado (1994) coloca que as lendas abordam fenômenos da natureza – os astros, como o sol e a lua; o tempo; aspectos geográficos, como vegetação, montanha e vulcão; o surgimento do planeta. Conforme a autora, também tratam do aparecimento do homem, suas atitudes, a formação de cidades, a origem de povos e outros fatos culturais de uma civilização.

Vale (2001) afirma que a lenda tem função explicativa e normativa. Para ela, no primeiro caso, o gênero explica o surgimento de algo no universo e, no segundo, ensina e fixa costumes e crenças de determinada região. Com relação à função normativa, Coelho (2003) diz que a lenda pode indicar regras de comportamento ou transmitir ensinamentos e valores do grupo social a que se vincula.

Esse gênero textual emprega linguagem de fácil compreensão, e algumas lendas valem-se de termos regionais. Utiliza nomes genéricos para designar o ser humano (uma menina, um homem, uma criança etc.). De acordo com Coelho (2003), no desenrolar da narrativa, pode ocorrer a reiteração do termo lenda, a fim de alertar o leitor de que o texto a ser lido pertence a esse gênero e situa-se no mundo da ficção.

A lenda pode narrar uma história ou descrever seres. Assim, é possível encontrar lendas com tipologia textual de base narrativa ou descritiva, conforme se explicita a seguir.

5.1 Lenda com tipologia textual de base narrativa

A lenda com tipologia textual de base narrativa relata situações, fatos e acontecimentos. Mobiliza personagens situadas em um tempo e espaço, e apresenta suas ações. Para isso, o narrador geralmente utiliza a terceira pessoa do discurso.

Jesualdo (1982) assinala que as personagens das lendas são seres sobrenaturais e seres humanos. Por exemplo, na lenda *Iara*, a personagem é uma sereia que enfeitiça os homens com seu canto, atraindo-os para o fundo do rio

Cascudo (1972) afirma que a lenda pode tratar também da vida (herói. Exemplo disso é a lenda do *Caipora*, também conhecido como *pira*. Ele é um habitante das matas brasileiras, com os pés voltados par considerado pelos indígenas um herói por proteger as plantas e os anim floresta.

Esse gênero textual, conforme Jesualdo (1982), é marcado pela fatal e sua presença estabelece a influência do destino, contra o qual não se lutar. Na opinião do autor, a fatalidade revela o pensamento do homem nado pela força do desconhecido.

A lenda com tipologia de base narrativa segue a estrutura dos dema tos narrativos, proposta por Bronckart (1999): *situação inicial*, *compli ações*, *resolução* e *situação final*.

a) *Situação inicial*: mostra um estado de equilíbrio.

b) *Complicação*: introduz uma perturbação e cria uma tensão.

c) *Ações*: constituem os acontecimentos desencadeados pela perturb

d) *Resolução*: apresenta fatos que levam à redução da tensão.

d) *Situação final*: explicita o novo estado de equilíbrio oriundo da reso

Bronckart (1999) observa que, nos gêneros de sequência narrativ de-se acrescentar a essas etapas outras duas: *avaliação* e *moral*. Segundo tor, a avaliação comenta o desenrolar dos acontecimentos e a moral esc a significação global dos fatos. Por exemplo, na lenda *A raposa e o home* letada por Sylvio Roméro, consta a seguinte moral, expressa na fala da r *Não se deve abusar de quem nos faz bem* (1885, p. 191). Às vezes, a avali a moral estão implícitas no texto.

Conforme Bronckart (1999), nem todas as etapas citadas estão pre nos gêneros de sequência narrativa ou pode haver a superposição dessas e

Na lenda com tipologia textual de base narrativa, predominam os v no pretérito perfeito e imperfeito do indicativo. O pretérito perfeito ações acabadas no passado e o imperfeito mostra ações não concluíd passado. Coelho (2003) diz que, nesse gênero, existem marcas linguístic remetem a um tempo longínquo (antigamente, outrora, há muitos ano e não aparecem marcas que indicam dia, semana e mês. De acordo com a autora, também há o uso de organizadores temporais (quando, depois, até que, um dia, no dia etc.).

Com o propósito de estabelecer relação entre os segmentos do texto, a lenda vale-se de mecanismos de coesão. Entre eles, Coelho (2003) aponta as anáforas nominais (substituição, repetição e elipse) e as anáforas pronominais (pronomes pessoais, demonstrativos, possessivos e relativos).

5.2 Lenda com tipologia textual de base descritiva

A lenda com tipologia textual de base descritiva mostra as características físicas dos seres e o que são capazes de fazer. Segundo Coelho (2003), esse gênero caracteriza seres lendários, entes sobrenaturais, animais e vegetais. A autora destaca que o ser descrito é oriundo de uma narrativa da qual só restou a personagem. Um exemplo disso é a lenda da *Mula sem cabeça*, em que uma mulher se transforma numa criatura horrenda como castigo por namorar ou casar com um padre. Nas diversas versões dessa lenda, normalmente, a descrição da mula sem cabeça mostra que ela é violenta, soluça como uma pessoa, relincha como um animal, solta fogo pelo pescoço, corre pelas florestas e campos e assusta pessoas e animais.

Seguindo a estrutura proposta por Bronckart (1999), a lenda com tipologia de base descritiva apresenta três fases principais, que não se organizam linearmente: *ancoragem*, *aspectualização* e *relacionamento*.

a) *Ancoragem*: mostra o tema da descrição.

b) *Aspectualização*: enumera as diferentes propriedades do objeto.

c) *Relacionamento*: associa o objeto ou suas propriedades a outros, por meio de comparações ou metáforas.

Coelho (2003) afirma que a lenda com tipologia textual de base descritiva emprega predominantemente verbos no presente do indicativo; vale-se de mecanismos de coesão, como as anáforas nominais (substituição, repetição e elipse) e as anáforas pronominais (pronomes pessoais, demonstrativos, possessivos e relativos). De acordo com a autora, esse tipo de lenda usa organizadores temporais (quando, depois, até que, sempre, na manhã seguinte etc.), visto que a personagem principal é originária de uma narrativa que se perdeu ao longo do tempo.

5.3 Análise ilustrativa

O UAPÉ

(Lenda indígena)

1 Pita e Moroti amavam-se muito; e, se ele era o mais esforçado dos guerreiros da tribo, ela era a mais gentil e formosa das donzelas. Porém Nhandé lara não queria que eles fossem felizes; por isso, encheu a cabeça da jovem de maus pensamentos e instigou a sua vaidade.

2 Uma tarde, na hora do pôr do sol, quando vários guerreiros e donzelas passeavam pelas margens do rio Paraná, Moroti disse:

3 – Querem ver o que este guerreiro é capaz de fazer por mim? Olhem só!

4 E, dizendo isso, tirou um de seus braceletes e atirou-o na água. Depois, voltando-se para Pita, que como bom guerreiro guarani era um excelente nadador, pediu-lhe que mergulhasse para buscar o bracelete. E assim foi.

5 Em vão esperaram o retorno de Pita à superfície. Moroti e seus acompanhantes, alarmados, puseram-se a gritar... Mas era inútil, o guerreiro não aparecia.

6 A desolação logo tomou conta de toda a tribo. As mulheres choravam e se lamentavam, enquanto os anciãos faziam preces para o guerreiro voltar. Só Moroti, muda de dor e de arrependimento, como que alheia a tudo, não chorava.

7 O pajé da tribo, Pegcoé, explicou o que ocorria. Disse ele, com a certeza de quem já tivesse visto tudo:

8 – Agora Pita é prisioneiro de I Cunhã Pajé. No fundo das águas, Pita foi preso pela própria feiticeira e conduzido ao seu palácio. Lá, Pita esqueceu-se de toda a sua vida anterior, esqueceu-se de Moroti e aceitou o amor da feiticeira; por isso não volta. É preciso ir buscá-lo. Encontra-se agora no mais rico dos quartos do palácio de I Cunhã Pajé. E se o palácio

ticeira, é todo feito de diamantes. E dos lábios da formosa Pe

que tantos belos guerreiros nos tem roubado, ele sorve esque por isso que Pita não volta. É preciso ir buscá-lo.

9 – Eu vou! – exclamou Moroti. – Eu vou buscar Pita!

10 – Você deve ir, sim – disse Pegcoé. – Só você pode resgatá-l da feiticeira. Você é a única, se de fato o ama, capaz de venc maléfico da feiticeira. Vá, Moroti, e traga Pita de volta!

11 Moroti amarrou uma pedra aos seus pés e atirou-se no rio.

12 Durante toda a noite, a tribo esperou que os jovens aparece mulheres choravam, os guerreiros cantavam e os anciãos e vam o mal.

13 Com os primeiros raios da aurora, viram flutuar sobre as água de uma planta desconhecida: era o uapé (vitória-régia). E v recer uma flor muito linda e diferente, tão grande, bela e p como jamais se vira outra na região.

14 As pétalas do meio eram brancas e as de fora, vermelhas. Bran o nome da donzela desaparecida: Moroti. Vermelhas como o guerreiro: Pita. A bela flor exalou um suspiro e submergiu na

15 Então, Pegcoé explicou aos seus desolados companheir ocorria:

16 – Alegria, meu povo! Moroti resgatou Pita! Eles se amam de v malévola feiticeira, que tantos homens já roubou de nós para o seu amor, foi vencida pelo amor humano de Moroti. Ness acaba de aparecer sobre as águas, eu vi Moroti nas pétalas br eram abraçadas e beijadas, como num rapto de amor, pelas pé melhas. Estas representam Pita.

17 E são descendentes de Pita e Moroti esses belos uapés que as águas dos grandes rios. No instante do amor, as belas flore e vermelhas do uapé aparecem sobre as águas, beijam-se e submergir.

18 Elas surgem para lembrar aos homens que, se para satisfaz pricho da mulher amada um homem se sacrificou, essa mulh

recuperá-lo, sacrificando-se também por seu amor. E, se a flor do uapé é tão bela e perfumada, isso se deve ao fato de ter nascido do amor e do arrependimento.

O UAPÉ. In: FUNDESCOLA/SEF. *Alfabetização*: livro do aluno. Brasília: MEC, 2000. v. 2. p. 123-125. Disponível em: <http://www.dominiopublico.gov.br/download/texto/me001614.pdf>. Acesso em: 14 maio 2013. Adaptação das autoras.

A lenda em estudo explica a origem do uapé, uma planta aquática nativa da América do Sul, também conhecida como vitória-régia. Esta possui folhas em formato de círculo e flores solitárias, brancas, rosadas e até vermelhas, que exalam um aroma suave. A lenda *O uapé* tem função explicativa, pois dá a conhecer um fenômeno da natureza: a origem dessa planta.

Essa lenda faz parte do folclore brasileiro e é oriunda da cultura indígena; é encontrada em diversas versões. O texto não possui autor, visto que é coletado da tradição oral.

A lenda *O uapé* apresenta como tipologia textual de base a narração, pois o narrador, em terceira pessoa do discurso, relata fatos imaginários, com personagens situadas em um tempo e espaço.

Essas personagens são seres humanos e sobrenaturais. Pita e Moroti são os protagonistas humanos: Pita é um esforçado guerreiro e excelente nadador; Moroti é a mais gentil e formosa das donzelas. Há também personagens humanas secundárias: a índia Nhandé Iara e o pajé Pegcoé. No texto, existe apenas uma personagem sobrenatural, a figura malévola da feiticeira I Cunhã Pajé, que vive no fundo das águas do rio. Ela ocupa a posição de antagonista na trama, pois afasta Pita de sua amada, Moroti.

As ações explicitadas na lenda vinculam-se a um espaço geográfico, às margens do rio Paraná, e situam-se num tempo longínquo e incerto, provavelmente no século XVI, época da colonização do Brasil pelos portugueses.

A lenda *O uapé* estrutura-se em: *situação inicial*, *complicação*, *ações*, *resolução* e *situação final*.

a) *Situação inicial* (parágrafo 1, frase 1): mostra o grande amor existente entre o índio Pita e a índia Moroti.

b) *Complicação* (parágrafo 1, frase 2): introduz uma perturbação – Nhandé Iara não aceita o amor dos jovens e induz Moroti a colocar o sentimento de Pita à prova.

c) *Ações* (parágrafos 2-12): englobam os diversos acontecimentos provocados pela perturbação. Moroti joga um de seus braceletes nas águas do rio Paraná e pede a Pita para buscá-lo. Ele atende ao pedido da índia amada, mas não retorna à superfície. Moroti emudece de tanta dor e arrependimento e decide buscar Pita no fundo do rio, pois, segundo o pajé Pegcoé, ele era prisioneiro da feiticeira I Cunhã Pajé, e só Moroti poderia resgatá-lo, já que o amava verdadeiramente.

d) *Resolução* (parágrafos 13-14): expõe o momento em que ocorre a redução da tensão: ao amanhecer, os índios veem flutuar sobre as águas uma planta desconhecida, com uma flor belíssima, perfumada e diferente, o uapé.

e) *Situação final* (parágrafos 15-16): evidencia um novo estado de equilíbrio – de acordo com o pajé, o aparecimento da flor era motivo de alegria, pois Pita fora resgatado por Moroti, e seu amor vencera a maldade da feiticeira.

f) *Avaliação* (parágrafos 17-18): o narrador comenta que os uapés são descendentes de Pita e Moroti, e aparecem sobre as águas no instante do amor. Diz que suas flores surgem para recordar o sacrifício por amor do casal de índios, e seu perfume e beleza decorrem do amor e do arrependimento.

Como se observa, somente a partir da resolução (parágrafos 13-14), o leitor toma conhecimento de que Pita e Moroti se transformaram no uapé. Essa mudança ocorre por meio da morte dos jovens índios.

Na lenda, há o emprego de substantivos de origem indígena para nomear as personagens e a planta aquática, o que evidencia o uso de termos regionais.

Existe no texto *O uapé* a presença da linguagem figurada. Nele ocorre a comparação entre a cor das pétalas da flor e os protagonistas por haver relações de semelhança entre eles: *Brancas como o nome da donzela desaparecida: Moroti. Vermelhas como o nome do guerreiro: Pita* (parágrafo 14).

No que se refere ainda às figuras de linguagem, constata-se a presença da prosopopeia, pois são atribuídas ações humanas a um vegetal – suspirar, fazer amor e beijar: *A bela flor exalou um suspiro* [...] (parágrafo 14); *No instante do amor, as belas flores brancas e vermelhas do uapé aparecem sobre as águas, beijam-se e voltam a submergir* (parágrafo 17). A menção de ações vinculadas ao amor, provavelmente, deve-se ao fato de a folha do uapé, quando nova, ter a forma de coração, e, só mais tarde, adquirir o formato de círculo.

Também constam as figuras de linguagem prosopopeia e comparação no fragmento: [...] *eu vi Moroti nas pétalas brancas, que eram abraçadas e beijadas, como num rapto de amor, pelas pétalas vermelhas* (parágrafo 16). Essa imagem faz alusão à cor das flores do uapé que, quando desabrocham, são brancas, porém adquirem coloração rósea ao absorverem os primeiros raios do sol.

Com relação aos tempos verbais, o narrador usa o pretérito perfeito do indicativo para apresentar ações das personagens ocorridas e finalizadas no passado. Emprega também o pretérito imperfeito, sobretudo nas sequências descritivas, visto que esse tempo verbal exprime ações não concluídas no passado: *Pita e Moroti amavam-se muito* [...] (parágrafo 1).

No que diz respeito ainda aos tempos verbais, no momento em que o narrador faz a *avaliação* (parágrafos 17-18), utiliza o presente do indicativo, a fim de assinalar a relação que existe entre os fatos da lenda e o momento atual. Já nos diálogos predomina o pretérito perfeito do indicativo, pois a maioria das falas é do pajé Pegcoé que explica o que aconteceu com os jovens índios.

O texto vale-se de recursos coesivos, como anáforas pronominais – *eu, ele, ela, eles, nós, mim* (pronomes pessoais); *este, isso* (pronomes demonstrativos) – e anáforas nominais – *da jovem* para se referir a Moroti; *o guerreiro* ao mencionar Pita; *os jovens* ao falar de ambos (substituição). Há também a presença de organizadores temporais: *uma tarde, depois, agora, durante toda a noite*, entre outros.

5.4 Estudo de texto

I. Pré-leitura

1) Dialogando sobre o gênero textual

a) Para você, o que é uma lenda?

b) Que lendas você conhece?

2) Dialogando sobre o autor do texto

a) Quem é o autor do texto?

b) Você já ouviu falar desse escritor?

3) Dialogando sobre o conteúdo do texto

a) No texto que você lerá aparecem os seguintes elementos: *vassalos, castelo, cavaleiro, armadura, estandarte, cristão, caça de mouros, atacar os mouros da Espanha, doarei terras a São Tiago.*

➢ Que contexto histórico lhe vem à mente a partir desses elementos?

➢ O que você sabe acerca desse período da história universal?

b) A lenda que segue tem como personagem *A dama do pé de cabra.* Como você imagina essa personagem?

c) A partir do título, *A dama do pé de cabra*, o que se pode inferir a respeito do enredo do texto?

II. Leitura

1) Leitura silenciosa da lenda.

2) Leitura em voz alta do gênero pelo professor ou por um aluno.

A DAMA DO PÉ DE CABRA

1 D. Diogo Lopes era um incansável caçador, tanto no frio do inverno quanto no calor do verão, tanto nas noites quanto nas madrugadas, e disso ele se orgulhava.

2 Numa manhã de um dia claro, limpo de nuvens, D. Diogo estava espreitando a caça em um monte agreste. Esperava um javali, que, perseguido pelos caçadores, deveria surgir no local.

3 Eis que, naquele momento, começou a ouvir ao longe um lindo cantar. Ergueu os olhos para uma rocha próxima e, sobre ela, estava sentada uma formosa dama. Era a dama quem cantava.

4 O javali ficou livre desta vez, porque D. Diogo Lopes deixou-o de lado e voou para o penhasco.

5 – Quem sois vós, gentil senhora? Quem sois que logo me cativastes?

6 – Sou tão nobre como tu, porque descendo de reis, como tu, senhor de Biscaia.

7 – Se já sabeis quem eu sou, ofereço-vos a minha mão, e com ela as minhas terras e vassalos.

8 – Guarda as tuas terras, D. Diogo Lopes, que são poucas para continuares tuas caçadas, para o divertimento de bom cavaleiro que és. Guarda teus vassalos, senhor de Biscaia, que são poucos para te auxiliarem na caça.

9 – Que dote, pois, gentil dama, eu vos posso oferecer digno de vós e de mim? Se a vossa beleza é divina, eu sou em toda a Espanha o homem rico mais abastado.

10 – Rico homem, rico homem, o que eu desejo é de pouco valor. Mas, apesar disso, não creio que o concedas, porque é um legado de tua mãe, a rica dona de Biscaia.

11 – E se eu vos amasse mais que a minha mãe, por que não vos cederia qualquer um dos seus muitos legados?

12 – Então, se queres ver-me sempre aos teus pés, é preciso que te esqueças de uma coisa que a tua boa mãe te ensinava quando pequenino, e que, estando para morrer, ainda te recordava.

13 – De quê, de quê, donzela? – acudiu o cavaleiro com os olhos brilhantes. – De nunca dar tréguas aos mouros nem perdoar seus cães? Sou bom cristão. Ai de vós e de mim se sois dessa raça danada!

14 – Não é isso, cavaleiro – interrompeu a donzela rindo. – O que eu quero que esqueças é o sinal da cruz; o que eu quero que me prometas é que nunca mais te persignarás.

15 – Isso é outra coisa! – replicou D. Diogo, que nas festas e devassidões perdera o caminho do céu.

16 E pôs-se um pouco a cismar. E cismando dizia consigo:

17 – De que servem benzeduras? Matarei mais duzentos mouros e doarei terras a São Tiago. Elas por elas. Um presente ao apóstolo e duzentos mouros valem bem um grande pecado.

18 E erguendo os olhos para a dama, que sorria com ternura, exclamou:

19 – Seja assim. Está dito!

20 E, levando a bela dama nos braços, cavalgou na mula em que viera montado.

21 Só à noite, em seu castelo, pôde contemplar detalhadamente as formas nuas da elegante dama, e notou que tinha os pés forcados como os de cabra.

22 Durante anos, a dama e o cavaleiro viveram em paz e união. Prova viva disso eram o filho Inigo Guerra e a filha Sol, ambos deleite de seu pai.

23 O senhor de Biscaia tinha um grande cão de caça, a quem muito queria, raivoso ao se confrontar com as feras, manso com seu dono e até com os servos da casa.

24 A nobre mulher de D. Diogo tinha uma cadela preta como azeviche, esperta e ligeira como nenhuma outra, e não menos estimada pela senhora.

25 Certa noite, o cão estava sentado no chão defronte de D. Diogo Lopes, com as largas orelhas pendentes e os olhos semicerrados, como quem cochilava.

26 A cadela negra corria pelo aposento viva e inquieta, pulando como um diabrete: o pelo liso e macio reluzia com um reflexo avermelhado.

27 O senhor de Biscaia pegou então um pedaço de osso com carne e medula, e, atirando-o ao cão, gritou-lhe:

28 – Silvano, toma lá, tu que és valente. A cadela que se dane, já que não sabe senão correr e brincar.

29 O canzarrão abriu os olhos, rosnou, pôs a pata sobre o osso, e, abrindo a boca, mostrou os dentes anavalhados. Era como um rir deslavado.

30 Mas logo soltou um uivo e caiu, esperneando meio-morto: a cadela, de um pulo, abocanhara-lhe a garganta, e o cão agonizava.

31 – Pelas barbas de D. From, meu bisavô! – exclamou D. Diogo, pondo-se em pé trêmulo de cólera e de vinho. – A cadela maldita matou o melhor cão da matilha, mas juro que lhe arrancarei o couro.

32 E, virando com o pé o cão moribundo, observava as profundas feridas do nobre animal, que dava os últimos suspiros.

33 – Por minha fé, nunca vi tal coisa! Virgem bendita! Aqui anda belzebu – e dizendo isso, benzia-se e persignava-se.

34 – Ai! – gritou sua mulher como se a houvessem queimado. O barão olhou para ela: viu-a com os olhos brilhantes, as faces negras, a boca torta e os cabelos eriçados.

35 E ela ia se levantando, se levantando no ar com a pobre Sol debaixo do braço esquerdo; o direito, estendia-o por cima da mesa na direção de seu filho, Inigo Guerra. E aquele braço crescia, alongando-se para o filho, que de pavor não ousava mexer-se nem falar.

36 E a mão da dama era preta e reluzente como o pelo da cadela, e as unhas tinham crescido meio palmo, recurvando-se em garras.

37 – Jesus, santo nome de Deus! – bradou D. Diogo, a quem o terror dissipara o efeito do vinho. E, segurando seu filho com a mão esquerda, fez no ar, com a direita, várias vezes o sinal da cruz.

38 E sua mulher deu um grande gemido, e largou o braço de Inigo Guerra, que já tinha agarrado. E, continuando a subir ao alto, saiu por uma grande fresta, levando a filhinha que muito chorava.

39 Desse dia em diante, não se soube mais nada nem da mãe, nem da filha. A cadela negra sumiu tão misteriosamente que ninguém no castelo a viu novamente.

40 D. Diogo Lopes viveu muito tempo triste e aborrecido, porque já não se atrevia a caçar. Lembrou-se, porém, um dia, de espairecer sua tristeza e, em vez de ir à caça de cerdos, ursos e zebras, resolveu sair à caça de mouros.

41 Mandou, pois, levantar o estandarte, desenferrujar e polir a caldeira, e provou sua armadura. Entregou a Inigo Guerra, que já era jovem e

mens armados, para encontrar o exército do [illegible]amiro, qu

os mouros da Espanha.

42 Por muito tempo, não se soube dele em Biscaia, nem novid
mensageiros.

HERCULANO, Alexandre. *A dama do pé de cabra.* Disponível em: <http://ww
publico.gov.br/download/texto/ws000002.pdf>. Acesso em: 08 mar. 201
ção das autoras.

III. Atividades orais de interpretação

1) As hipóteses que você levantou a respeito das característica sonagem e do possível enredo do texto se confirmam após Comente.

2) D. Diogo era um incansável caçador, mas deixou um javali livr ele toma essa atitude?

3) A dama se interessa pelos bens materiais do cavaleiro? Por qu

4) Que pedido a moça faz a D. Diogo Lopes? Qual é a importâr pedido para ela?

5) Qual é o conflito interior que D. Diogo vivencia diante do p moça?

6) O que é ser um bom cristão conforme o senhor de Biscaia?

7) Levante hipóteses: por que D. Diogo não deu importância ao dama ter os pés forcados como os de cabra?

8) Por que a cadela atacou o cão? Esse acontecimento é relevan desfecho da lenda?

9) Como se caracteriza a cadela pertencente à dama? Com que cr é comparada? Por quê?

10) Qual é a provável identidade da moça? Que indícios revelam

IV. Atividades escritas de interpretação

1) Numere a segunda coluna de acordo com a primeira. Considere o sentido que os termos possuem no texto.

(a) incansável (parágrafo 1)	( ) rico
(b) espreitando (parágrafo 2)	( ) libertinagens
(c) agreste (parágrafo 2)	( ) vigiando
(d) cativastes (parágrafo 5)	( ) uma substância mineral muito negra
(e) vassalos (parágrafo 7)	( ) benzerás, fazendo três sinais em cruz
(f) abastado (parágrafo 9)	( ) um fruto muito escuro
(g) persignarás (parágrafo 14)	( ) selvagem
(h) devassidões (parágrafo 15)	( ) arrepiados
(i) cismar (parágrafo 16)	( ) entreabertos
(j) azeviche (parágrafo 24)	( ) seduzistes
(k) semicerrados (parágrafo 25)	( ) pobre
(l) moribundo (parágrafo 32)	( ) súditos
(m) eriçados (parágrafo 34)	( ) agonizante
	( ) pensar insistentemente
	( ) persistente

2) Na situação inicial, a lenda mostra um estado de equilíbrio. Apresente resumidamente a situação inicial do texto *A dama do pé de cabra*.

3) O equilíbrio inicial é rompido por uma perturbação que cria uma tensão. Aponte o fato causador dessa perturbação.

4) Numere a sequência de ações desencadeadas pela perturbação na lenda *A dama do pé de cabra*.

( ) A moça pede ao cavaleiro que prometa nunca mais fazer o sinal da cruz nem se persignar.

( ) A dama se levanta no ar, com a filha Sol debaixo do braço, e agarra o filho Inigo Guerra.

( ) As mãos da mulher ficam pretas e reluzentes como o pelo da cadela, e suas unhas crescem meio palmo, recurvando-se em garras.

( ) D. Diogo benze-se e persigna-se ao presenciar a cadela, que pertencia à dama, matar com ferocidade seu cão.

( ) D. Diogo Lopes desiste da caça que espreitava.

( ) O casal passa a viver unido e tem dois filhos: Inigo Guerra e Sol.

( ) O homem nota que a dama tem os pés forcados como os de cabra.

( ) O cavaleiro acata o pedido da moça e a leva para o castelo.

( ) O caçador oferece sua mão em casamento à dama, bem como suas terras e servos.

( ) A moça diz que não deseja os bens do cavaleiro.

( ) D. Diogo segura seu filho Inigo com a mão e faz o sinal da cruz várias vezes.

( ) O caçador fica encantado com a dama.

( ) Ocorrem transformações na mulher: olhos brilhantes, faces negras, boca torta e cabelos eriçados.

5) Leve em conta o sentido global do texto e responda: o que revela a repetição da expressão ***de quê*** (parágrafo 13)?

6) Após as ações provocadas pela perturbação, ocorrem fatos que levam à redução da tensão. Indique esses fatos.

7) No final da narrativa, é estabelecido um novo estado de equilíbrio proveniente da redução da tensão. Explique o que ocorre.

8) A partir da lenda em análise, trace o perfil de D. Diogo Lopes.

9) Considere o contexto histórico em que estão inseridos os fatos da narrativa e responda às questões a seguir.

   a) Como você interpreta a seguinte afirmação proferida por D. Diogo?

   – De que servem benzeduras? Matarei mais duzentos mouros e doarei terras a São Tiago. Elas por elas. Um presente ao apóstolo e duzentos mouros valem bem um grande pecado (parágrafo 17).

   b) Por que D. Diogo considera os mouros uma raça danada?

10) No decorrer da narrativa, a dama passa por uma transformação.

a) Preencha o quadro que segue com as características da dama.

Antes da transformação	Depois da transformação

b) A que conclusão pode-se chegar em relação à dama, considerando suas características após a transformação e o desfecho da lenda?

11) Que relação existe entre o título *A dama do pé de cabra* e o desfecho da narrativa?

12) Algumas lendas apresentam uma avaliação, em que o narrador comenta o desenrolar dos acontecimentos. Em outras, consta também uma moral, ou seja, uma afirmação que esclarece a significação global dos fatos narrados.

Com base na lenda *A dama do pé de cabra*, produza o que se pede.

a) uma avaliação:

b) uma moral:

V. Práticas de análise da linguagem e reflexão linguística

1) Observe a primeira frase da lenda:

D. Diogo Lopes era um incansável caçador, tanto no frio do inverno quanto no calor do verão, tanto nas noites quanto nas madrugadas, e disso ele se orgulhava.

a) Em que tempo estão os verbos dessa frase?

b) Se o narrador tivesse empregado o pretérito perfeito do indicativo, o efeito de sentido seria o mesmo? Por quê?

2) Aponte outras frases do texto nas quais o mesmo tempo verbal da primeira frase é utilizado, e diga se o uso desse tempo provoca o mesmo efeito de sentido que na primeira.

3) Atente para o tempo verbal empregado pelo narrador e responda às questões.

a) Qual é o tempo verbal que ele utiliza predominantemente ao narrar os fatos?

b) A partir do uso desse tempo verbal, o que sabemos sobre os fatos narrados no texto?

4) Na lenda, as falas das personagens podem ser apresentadas especialmente na forma de discurso direto ou indireto. No discurso direto, as personagens dialogam entre si; no discurso indireto, o narrador conta como foi o diálogo. Releia a lenda *A dama do pé de cabra* e diga se predomina o discurso direto ou o indireto. Sublinhe dois exemplos.

5) Observe os diálogos ao longo da lenda.

a) Em que tempo os verbos são utilizados?

b) Por que nos diálogos não há o emprego do mesmo tempo verbal usado para contar os fatos da narrativa?

6) Analise o fragmento do texto a seguir e faça o que se pede.

O javali ficou livre desta vez, porque D. Diogo Lopes deixou-o de lado e voou para o penhasco.

– Quem sois vós, gentil senhora? Quem sois que logo me cativastes?

– Sou tão nobre como tu, porque descendo de reis, como tu, senhor de Biscaia (parágrafos 4-6).

a) Reescreva as falas das personagens, transformando o discurso direto em indireto. Faça os ajustes necessários.

b) Que mudança houve em relação ao uso dos tempos verbais? Por que aconteceu essa troca?

c) Que alteração ocorreu quanto à pessoa do discurso? Explicite por que houve essa mudança.

7) Assinale o que se pede e justifique sua resposta.

A tipologia textual que dá suporte ao texto é a:

( ) narração; ( ) descrição; ( ) dissertação; ( ) predição; ( ) injunção; ( ) explicação.

5.5 Produção textual

I. Produção escrita

No final da lenda em estudo, a dama desapareceu e levou consigo a filha, e a cadela negra sumiu. D. Diogo saiu à caça de mouros e entregou o governo de seus castelos a seu filho Inigo.

Imagine o que ocorreu com essas personagens após o término da narrativa e produza a segunda parte da lenda. Depois da reescrita, leia o texto aos colegas e professor, os quais serão seus interlocutores.

II. Produção oral

Pesquise outras lendas e apresente oralmente uma delas à turma e ao professor.

III. Retextualização do gênero

Releia a lenda *A dama do pé de cabra*, de Alexandre Herculano, e faça um resumo. Suponha que ele será publicado numa revista literária de circulação local.

6 Mito

O gênero textual mito, para Krings et al., em seu sentido mais amplo, significa "palavra, falar, narração de um acontecimento divino. O mito fundamenta e esclarece uma tradição" (1978, p. 551). Conforme os autores, esse significado do mito, atribuído previamente no contexto da história grega, se faz presente em todas as culturas nas quais a tradição busca ter validade.

Lalande (1996) mostra várias definições de mito. Veja a seguir algumas dessas definições.

1. "[...] uma narração fabulosa, de origem popular e não refletida, na qual agentes impessoais, a maior parte das vezes forças da natureza, são representados sob forma de seres pessoais, cujas ações ou aventuras têm um sentido simbólico" (1996, p. 688). Exemplo dessa definição é o mito do *Paraíso perdido*. Nessa narrativa, o homem e a mulher viviam em harmonia com a natureza, porém, ao comerem do fruto proibido, descobriram-se nus e foram castigados por Deus. Esse mito pode simbolizar a perda da ingenuidade e da pureza.

2. "[...] exposição de uma ideia ou de uma doutrina sob uma forma voluntariamente poética e narrativa, onde a imaginação ganha asas e mistura as suas fantasias com as verdades subjacentes" (1996, p. 689). Exemplifica-se: *O mito da caverna*, escrito pelo filósofo grego Platão, fala de pessoas que vivem presas numa caverna desde o nascimento e enxergam apenas sombras do que existe no mundo real. No momento em que um deles vê a realidade e conta suas descobertas aos demais prisioneiros, estes não acreditam. A ideia subjacente a esse mito pode ser a de que só é possível o homem libertar-se das sombras e conhecer a realidade quando estiver livre de qualquer influência social e cultural.

3. "[...] imagem de um futuro fictício (e a maior parte das vezes irrealizável) que exprime os sentimentos de uma coletividade e serve para desencadear a ação" (1996, p. 689). Exemplo disso é o mito *Delfos, o centro do mundo* (WIL-

LIS, 2007), que narra como surgiu o oráculo de Delfos, consultado por cidades e indivíduos, e cujas profecias estão presentes na mitologia e na história. Segundo esse mito grego, Zeus soltou duas águias de extremidades opostas da Terra a fim de descobrir o centro do mundo. As aves se encontraram em Delfos, local marcado por Zeus com uma grande pedra, guardada pela serpente Píton. Apolo matou a serpente e, ali, fundou seu santuário e um oráculo.

De acordo com D'Onofrio (2002), antes do progresso racional e científico, os gregos antigos inventaram histórias fabulosas com o objetivo de explicar as origens dos fenômenos naturais e do comportamento humano. A mitologia grega, por exemplo, vale-se do deus Poseidon para justificar a ocorrência dos maremotos.

Conforme Coelho (2003), nas sociedades contemporâneas, a ciência praticamente tomou o lugar da mitologia. A autora diz que não temos mais o contato consciente com a mitologia, apesar de algumas correntes da psicologia afirmarem que ela está viva no inconsciente do ser humano e influencia muitos de seus comportamentos. Isso quer dizer que, embora hoje a ciência explique racionalmente os fatos ou fenômenos, o homem carrega em sua bagagem cultural certas crenças oriundas dos mitos.

O mito, segundo Eliade (2006), é a narrativa de uma criação; é uma história sagrada, portanto, verdadeira, visto que se refere a diferentes realidades. Ela explica: o mito cosmogônico é verdadeiro, porque o mundo existe; o mito da origem da morte também é verdadeiro, pois a mortalidade do homem prova isso. Para a autora, o mito narra como uma realidade passou a existir, graças às obras dos entes sobrenaturais, seja ela total (o cosmos) ou parcial (uma ilha, uma espécie vegetal, um comportamento humano, uma instituição). Assim, esse gênero pode ser uma forma de compreender o sobrenatural.

O mito, enfim, consiste num gênero textual narrativo popular muito antigo, transmitido oralmente ou por meio da escrita de geração em geração, cuja época e espaço de origem, na maioria das vezes, não podem ser determinados. Como é oriundo do imaginário popular, não possui autor. No decorrer do processo de transmissão, esse gênero sofre transformações, podendo um mito subsistir em diversas versões, inclusive dentro de um mesmo grupo.

O mito possui certos traços que o identificam como gênero textual. Coelho (2003) atribui sete características ao mito. Veja a seguir.

1. Possui natureza permanente, pois, quando as circunstâncias diferem ou ocorrem súbitas mudanças de sorte numa aventura, as personagens (deuses, heróis) continuam com as mesmas características.

2. Contém absurdos devido à presença de seres sobrenaturais, embora possa ter se originado de um fato histórico.

3. Pode alargar-se de um espaço sagrado para um universo profano.

4. Constitui, em essência, uma resposta às perguntas do homem. A mitologia dá uma explicação simples e direta a muitos fenômenos naturais inexplicáveis do universo.

5. Pode assumir uma dimensão histórica, constituindo-se numa espécie de base fundamental para a humanidade, uma vez que nele o homem reconhece as suas origens, as suas tradições, e esta perspectiva pode tornar-se nacional. Contudo, é interpretado à luz das crenças de cada época.

6. Permite a organização e compreensão do mundo e das coisas, pois comanda o universo e os seres que nele moram. A princípio, o universo era o caos; os deuses chegaram e colocaram ordem nele, transformando-o num cosmos.

7. Um mesmo conjunto de mitos e símbolos pode estar presente em várias sociedades.

A partir de Silva (2000), pode-se acrescentar uma oitava característica: os mitos constituem uma forma de transmitir ensinamentos, como valores, práticas sociais e comportamentos, para a própria cultura em que se originam ou para outras culturas. Por exemplo, na mitologia grega, de acordo com Willis (2007), Zeus, o soberano dos deuses, mandou uma enorme inundação, a fim de castigar os homens pelas maldades do titã Prometeu. A partir desse mito, pode-se depreender o seguinte ensinamento: as maldades são passíveis de punição.

Em todas as culturas, os mitos tratam de temas recorrentes, como o surgimento do universo, a origem dos deuses e o confronto entre eles. Willis (2007) elenca grandes temas que os mitos abordam. A seguir, explicitam-se os principais temas.

- *Criação – as origens do mundo*: esta é uma questão central em todas as mitologias. No mito maori da criação (Oceania), o começo do mundo deu-se quando dois seres criadores, Rangi, o céu (masculino), e Papa, a terra (feminina), que viviam presos em um abraço, foram separados pelos deuses e passaram a ocupar posições opostas e complementares no cosmos.

- *A estrutura do universo*: há o mundo visível da vida cotidiana e o invisível, que abarca um mundo acima (o céu – morada de seres superiores e deuses) e um mundo abaixo (o subterrâneo – morada dos mortos e espíritos). Conforme a mitologia das regiões árticas, há diversos mundos dispostos um sobre o outro, e o mundo dos homens seria o mediano.
- *Causas da vida e da morte*: os mitos tratam mais da criação do mundo do que das origens do homem. Para a mitologia grega, o primeiro homem se originou do barro e a primeira mulher, da terra, diferentemente do livro bíblico do Gênesis, segundo o qual Deus criou Adão do barro e, de uma de suas costelas, formou Eva.
- *Seres sobrenaturais – deuses, espíritos e demônios*: são os protagonistas da criação cósmica em todas as mitologias. Por exemplo, o deus criador hindu é Brahma (O Absoluto).
- *Desastres cósmicos – o fim do mundo*: uma catástrofe global, às vezes, é considerada uma punição imposta aos homens pelos deuses. No mito aborígine do norte da Austrália, uma inundação é o castigo pelo erro cometido por duas jovens irmãs que mantiveram um relacionamento com dois homens da mesma divisão de clã que elas.
- *Heróis – agentes de mudança*: são machos, possuem habilidades sobrenaturais e podem ser deuses. Na mitologia grega, o titã Prometeu é um herói da cultura, porque roubou o fogo do céu em benefício dos seres humanos.
- *Astuciosos – agentes de mudança*: vinculam-se aos heróis da cultura; podem ser criativos ou subversivos. Os criativos assumem a forma de herói da cultura; os subversivos podem ter a aparência humana ou animal e são travessos, dissimulados e gozadores. De acordo com um mito da América do Norte, o corvo é astucioso, pois engana os inimigos humanos.
- *Animais e plantas*: geralmente, determinados pássaros representam o mundo superior dos espíritos e enormes serpentes simbolizam o caos

do mundo subterrâneo. Conforme a tradição nórdica, existe a Árvore da Vida ou Árvore do Mundo, cujas raízes estão no mundo inferior e os galhos, no superior.

- *Corpo e alma – espírito e vida após a morte*: tanto os seres humanos quanto os objetos poderosos, como o sol, a lua, a terra, as montanhas, os lagos e as árvores grandes, possuem alma. Na mitologia grega, por exemplo, o reino de Hades representa o inferno e se opõe ao celestial Olimpo. No inferno, as almas são julgadas e, se preciso, punidas.
- *Ordem social*: os mitos buscam validar distinções sociais fundamentais, como entre governantes e governados, entre classes sociais, entre velhos e jovens e entre homens e mulheres, especialmente no casamento. Os mitos da Austrália, da Papua-Nova Guiné e da América do Sul afirmam que, a princípio, as mulheres regiam a sociedade, porém, em virtude de terem cometido alguma falta, perderam esse *status*.

No mito, o tempo em que acontecem os fatos geralmente é indeterminado. Isso ocorre, por exemplo, no mito do Sudeste Asiático intitulado *Os Thens e os três grandes homens*: *Muito tempo atrás havia a terra, o céu e as plantas* (WILLIS, 2007, p. 305). A expressão ***Muito tempo atrás*** situa o fato num passado remoto, mas não especifica quando ele ocorreu.

Também o local onde sucedem as ações comumente é impreciso. Isso acontece, por exemplo, no mito do Sudeste Asiático *Bota Ili*, em que o espaço onde acontecem os fatos poderia ser qualquer montanha, o que fica explícito pelo uso do artigo indefinido ***uma***: *Bota Ili vivia no topo de uma montanha* (WILLIS, 2007, p. 306).

No gênero textual mito, quase sempre o narrador vale-se da terceira pessoa do discurso para contar os fatos, e sua tipologia textual de base é narrativa. Atente para o exemplo extraído do mito egípcio *Rá é a punição da espécie humana: À medida que o deus-sol envelhecia, seres humanos começaram a tramar contra ele. Ao ver isso, Rá convocou sua divina Olho, na forma da deusa Hator* (WILLIS, 2007, p. 41).

No mito pode-se encontrar também a tipologia textual descritiva, utilizada na caracterização de personagens, lugares, objetos, entre outros elementos.

Observe o exemplo retirado do mito grego *Sátiros, mênades e o teatro*: *As mênades usavam peles de fauno e guirlandas de hera. Todas carregavam um tirso, bastão enfeitado com terminação em forma de pinha, e reuniam-se em um grupo ritual para ir às montanhas, onde cantavam e dançavam até ficar exaustas em celebração ao deus* (WILLIS, 2007, p. 141).

A tipologia textual dialogal raramente ocorre no mito, mas pode estar presente. Ela se concretiza no momento em que duas personagens efetuam trocas verbais. Veja o exemplo extraído do mito do Sudeste Asiático, intitulado *Bota Ili* (WILLIS, 2007, p. 306):

> *Então* [Bota Ili] *avistou Wata Rian e gritou enraivecida:*
>
> *– Você impediu meu fogo de acender! Desça aqui para que eu possa despedaçá-lo a mordidas!*
>
> *Wata Rian respondeu:*
>
> *– Não grite ou meu cachorro a morderá!*

Cabe ressaltar que, no exemplo apresentado, ocorre a tipologia textual injuntiva (*desça*, *não grite*) inserida nas falas das personagens. A injunção objetiva incitar o outro a fazer o que se quer (TRAVAGLIA, 1991).

Os mitos mais conhecidos são os gregos e os romanos, e muitas de suas personagens são deuses. O que distingue os deuses gregos dos romanos é seu nome, pois há bastante semelhança entre eles. Exemplifica-se: deus supremo – Júpiter (romano)/Zeus (grego); deus do mar – Netuno (romano)/Poseidon (grego); deusa do amor – Vênus (romano)/Afrodite (grego).

Além de os mitos estarem presentes na cultura greco-romana, existem em outros povos. Entre as personagens desses mitos, Willis (2007) cita: Osíris (o defensor da ordem) e Ísis (a viúva devotada), na cultura egípcia; Brahma (o originador), Vishnu (o mantenedor) e Shiva (o destruidor do cosmos), no povo indiano; Viracocha (deusa criadora) e Inti (o deus do sol), no povo inca da América do Sul.

No Brasil, encontramos mitos oriundos da cultura indígena. Exemplifica-se com algumas narrativas do povo xingu, coletadas por Cláudio Villas Boas e Orlando Villas Boas (1986): *O primeiro homem*, *A origem dos gêmeos Sol e Lua*, *A origem do pequi* e *A conquista do fogo*.

6.1 Estrutura do gênero textual mito

Bronckart (1999) propõe um modelo padrão para a sequência narrativa, que é possível aplicar ao gênero textual mito: *situação inicial*, *complicação*, *ações*, *resolução* e *situação final*.

a) *Situação inicial* (exposição ou orientação): apresenta um estado de coisas que pode ser considerado de equilíbrio, não em si mesmo, mas na medida em que a sequência da história vai nele introduzir uma perturbação.

b) *Complicação* (transformação): introduz a perturbação, gerando uma tensão.

c) *Ações*: englobam os fatos desencadeados por essa perturbação.

d) *Resolução* (retransformação): expõe fatos que levam à redução da tensão.

e) *Situação final*: evidencia o novo estado de equilíbrio oriundo da resolução.

Verifica-se que o gênero textual mito pode ter diversas estruturas, no entanto, neste trabalho, optou-se por esse modelo em virtude de ser o mais recorrente nos textos analisados.

6.2 Análise ilustrativa

A ORIGEM DO MUNDO

1 Antes de existir o mar, a terra e o céu, que tudo cobre, a natureza tinha uma só aparência em todo o universo, o caos: uma massa rude e desordenada, em que nada existia a não ser um peso inerte e diferentes sementes de coisas não bem unidas e desorganizadas.

2 Nenhum Titã ainda iluminava o mundo; nem Febe, deusa da lua, renovava os chifres na lua crescente. A terra não estava suspensa em seu circunfuso ar, equilibrando-se apenas pelos seus pesos. Anfitrite, a deusa dos mares, também não havia estendido seus braços ao longo das margens.

3 Por onde havia terra, ali também existia mar e ar: assim, era instável a terra, inavegável a onda e carente de luz o ar. Nada mantinha sua forma, e

uma coisa interferia nas outras, porque, em um só corpo, o frio combatia o calor; a umidade combatia a seca; o macio combatia o duro e o sem peso combatia o pesado.

4 Um deus, ou uma melhor natureza, sanou tal duelo. Do céu, ele separou as terras, e das terras separou as ondas, e do límpido céu separou o ar espesso. Depois de separar e livrar essas coisas de sua cega acumulação, dispostas cada uma em seu lugar, as ligou com uma concordante paz.

5 A força do fogo, sem peso, brilhou no convexo céu, e o lugar se tornou um supremo recinto. Próximo dela está o ar, por sua leveza. A terra foi presa pela sua gravidade e, mais densa, atraiu os grandes elementos. A água fluida ocupou o restante e circundou o mundo sólido.

6 Então, quando tudo estava pronto, aquele deus, fosse ele quem fosse, dividiu essa massa em lotes. A princípio, para que houvesse igualdade em toda a parte, deu à terra a aparência de um grande globo. Então, ordenou ao mar romper-se e, com os ventos arrebatadores, espalhar-se e circundar os litorais.

7 Deus também acrescentou fontes, pântanos imensos e lagos, e cingiu rios por entre sinuosas margens. Os rios em parte se absorvem em diversos lugares, em parte chegam ao mar, e, em tal situação, em vez de bater nas margens, são recebidos por águas livres e chegam às praias. Deus ordenou ainda que se alargassem as planícies, cobrissem de folhas os vales e as matas e se elevassem as montanhas rochosas.

8 E, como o céu possui duas partes, a da esquerda e a da direita, e uma delas é mais ardente do que a outra, deus dividiu igualmente a terra. Dessas partes, uma não é habitável em virtude do calor intenso. A neve cobre, alta, as duas extremidades da terra, e, entre esses extremos, deus colocou um clima moderado, mesclando o frio e o calor.

9 O ar domina sobre todas as coisas, pois é mais leve do que a terra e a água, e mais pesado do que o fogo. No ar existem também névoas, e ali deus ordenou colocar as nuvens e os trovões, aqueles que aterram as mentes humanas. Mandou ainda colocar os raios, que provocam os relâmpagos, e os ventos. A esses elementos, o criador do mundo não lhes possibilitou estar em toda parte como permitiu ao ar. Apenas agora,

quando cada um governa seu espaço, deus pode impedi-los de destruírem o cosmos, tão grande é a discórdia existente entre eles.

10 Sob a luz da manhã, Euro, o vento sudoeste, se retirou para os reinos dos nabateus, a Pérsia e os picos das montanhas. Zéfiro, o vento suave e agradável, ficou próximo do anoitecer e dos litorais, que estão em sintonia com o sol que vai perdendo o brilho e a força. O horrível Bóreas, o vento frio do norte, invadiu Cítia e Setentrião. Austro, o vento quente do sul, umedeceu a região contrária com nuvens assíduas e chuva. E, sobre todos eles, deus impôs o éter fluido e desprovido de gravidade, que não contém nenhuma impureza da terra.

11 Postos esses limites, as estrelas, que por muito tempo ficaram presas em uma névoa cega, começaram a brilhar por todo o céu, e, para que não houvesse nenhuma região órfã de vida, os astros moram no solo celeste, e com eles os deuses. As ondas foram habitadas pelos brilhantes peixes, a terra acolheu os animais e o ágil ar abrigou os pássaros.

12 Entre eles ainda faltava um ser vivo mais nobre, mais capaz, com uma mente elevada e que pudesse dominar os demais. Então, nasceu o homem. Ou o criador de todas as coisas, a origem de um mundo melhor, fez o homem com a semente divina, ou a recente terra, há pouco separada do alto éter, retinha as sementes de seu parente, o céu. Misturando o barro com a água da chuva, ele modelou o homem à imagem dos deuses.

13 E enquanto os demais seres, encurvados, contemplam a terra, deus, com sua boca sublime, ordenou ao homem ver ereto o céu e erguer seu semblante às estrelas.

14 Assim, a terra, antes rude e disforme, transformou-se e se vestiu de desconhecidas figuras: os homens.

OVÍDIO. El origen del mundo. In: _____. *Metamorfosis*. Disponível em: <http://www.dominiopublico.gov.br/download/texto/bk000459.pdf>. Acesso em: 22 nov. 2012. Tradução e adaptação das autoras.

A origem do mundo constitui um mito grego, transcrito sob a perspectiva romana por Ovídio. É um gênero narrativo muito antigo, oriundo do imaginário popular. Esse mito pode ser encontrado em outras versões, produzidas por diversos autores.

O texto responde a uma questão vital para o ser humano, ligada a um fenômeno natural, a princípio inexplicável: a origem do mundo e do homem. Provavelmente, na época em que esse mito foi criado, o homem pôde reconhecer nele suas origens. A personagem principal é um ser sobrenatural, o deus criador, e as personagens secundárias também são seres sobrenaturais: Euro, o vento sudoeste; Zéfiro, o vento suave e agradável; Bóreas, o vento frio do norte, e Austro, o vento quente do sul.

O mito contém absurdos centrados no fato de haver um deus que dá ordens a elementos da natureza e a seres sobrenaturais, e estes obedecem.

O mito em estudo apresenta uma natureza permanente na figura do deus criador, pois a personagem mantém as mesmas características do início ao final do texto: ele é poderoso e resoluto no seu objetivo de transformar o caos num mundo habitável.

O mito *A origem do mundo* pode estruturar-se em: *situação inicial*, *complicação*, *ações*, *resolução* e *situação final*.

a) *Situação inicial* (parágrafos 1-3): apresenta o universo como o caos, uma massa rude e desordenada, e coloca que a terra ainda não estava suspensa em seu circunfuso ar. Relata que, por onde existia terra, também havia mar e ar; assim, nada mantinha sua forma e uma coisa interferia nas outras.

b) *Complicação* (parágrafo 4, primeira oração): introduz uma perturbação, pois surge um deus disposto a resolver tais problemas e organizar o caos.

c) *Ações* (parágrafos 4-11): englobam as diversas ações determinadas por deus para organizar o caos – dispor o céu, as terras, as ondas e o ar espesso cada um em seu lugar; fazer brilhar a força do fogo no céu; prender a terra por sua gravidade; dar à terra a aparência de um grande globo; espalhar o mar pelos litorais; acrescentar fontes, pântanos e lagos; cingir rios; alargar as planícies, cobrir de folhas os vales e as matas e elevar as montanhas rochosas; dividir igualmente a terra; colocar as nuvens, os trovões, os raios e os ventos nas névoas do ar; dispor cada um dos ventos, Euro, Zéfiro, Bóreas e Austro, em determinado tempo e espaço; impor sobre todos os ventos o éter fluido e desprovido de gravidade; fazer brilhar as estrelas por todo o céu; pôr os peixes nas ondas, os animais na terra e os pássaros no ar.

d) *Resolução* (parágrafo 12): expõe o momento em que um deus percebe a necessidade de existir um ser vivo com uma mente elevada para dominar os demais. Assim, cria o homem à imagem dos deuses, misturando o barro com a água da chuva, e lhe ordena contemplar ereto o céu, enquanto os demais seres, encurvados, contemplam a terra.

e) *Situação final* (parágrafos 13-14): mostra um novo estado de equilíbrio resultante da organização do caos, protagonizada por deus, e a terra passa a ser habitada pelos seres humanos.

No mito *A origem do mundo*, o tempo em que ocorrem os fatos é indeterminado, pois eles estão situados num passado muito distante, não delimitado: *Antes de existir o mar, a terra e o céu, que tudo cobre* [...] (parágrafo 1). O local onde acontecem as ações também é impreciso, uma vez que os fatos ocorrem em todo o universo.

O mito é narrado na terceira pessoa do discurso: *Nenhum Titã ainda iluminava o mundo; nem Febe, deusa da lua, renovava os chifres na lua crescente* (parágrafo 2). Sua tipologia textual de base é narrativa, pois relata um fato, a criação do mundo, e mobiliza personagens. Os acontecimentos organizam-se de modo a formar uma história completa, com início, meio e fim. A serviço da narração está a descrição, cujo emprego serve, sobretudo, para caracterizar personagens, lugares e elementos da natureza: [...] *o caos: uma massa rude e desordenada, em que nada existia a não ser um peso inerte e diferentes sementes de coisas não bem unidas e desorganizadas* (parágrafo 1).

6.3 Estudo de texto

I. Pré-leitura

1) Dialogando sobre o gênero textual

a) Você já ouviu falar em mito?

b) Conhece alguns mitos? Quais?

c) Geralmente, de que assuntos eles tratam?

2) Dialogando sobre o autor do texto

a) A quem se atribui a autoria desse texto?

b) Você conhece outros autores da mitologia grega ou romana? Quais?

3) Dialogando sobre o conteúdo do texto

a) O texto que você lerá a seguir se intitula *Mito de Prometeu e Pandora*. Você conhece essa história?

b) Leia o início do mito e diga como você imagina a sequência da narrativa.

Os deuses mantêm em segredo aquilo que é vital para os homens, caso contrário a vida seria muito fácil para os mortais. O bravo Prometeu, aquele que vê o futuro, roubou o fogo em um pedaço de férula oco, para dar aos homens, enganando, assim, Zeus, senhor dos raios.

II. Leitura

1) Leitura silenciosa do mito.

2) Leitura em voz alta do texto pelo professor ou por um aluno.

MITO DE PROMETEU E PANDORA

1 Os deuses mantêm em segredo aquilo que é vital para os homens, caso contrário a vida seria muito fácil para os mortais. O bravo Prometeu, aquele que vê o futuro, roubou o fogo em um pedaço de férula oco, para dar aos homens, enganando, assim, Zeus, senhor dos raios.

2 Zeus, irritado porque o sábio Prometeu o enganara, preparou para a humanidade situações que lhe causariam tristezas. Então, Zeus disse indignado:

3 – Prometeu, lanço sobre os futuros homens e sobre ti, que é mais astuto do que ninguém e está feliz por ter roubado o fogo e me enganado, uma grande praga: enviar-lhes-ei um mal com o qual se encantarão e, então, abraçarão seu próprio flagelo.

4 Assim falou e riu Zeus, pai dos homens e dos deuses, filho de Cronos. Ordenou ao ilustre Hefesto, deus dos coxos, que misturasse terra com

água, e do barro formasse uma bela virgem como as deusas imortais, à qual daria voz humana e força. A Atena, deusa de olhos claros, Zeus determinou que ensinasse à virgem o trabalho das mulheres e a arte de tecer. À venerável Afrodite, deusa da beleza e do amor, Zeus ordenou que desse à mulher a graça de encantar os homens e despertar seu desejo. Ao mensageiro Hermes, matador de Argos, ele determinou que concedesse a ela a capacidade de enganar e dissimular.

5 Assim os deuses obedeceram às ordens do rei Zeus. Hefesto modelou com terra uma imagem parecida com uma virgem venerável; Atena a vestiu e adornou todo seu corpo; Afrodite e suas acompanhantes, as deusas Cárites, colocaram-lhe colares de ouro; as Horas, deusas de formosos cabelos, coroaram a virgem com flores primaveris; Hermes deu-lhe a voz e, em seguida, concedeu-lhe a habilidade de mentir, seduzir e trair.

6 Zeus chamou a essa mulher de Pandora, porque todos os deuses do Olimpo deram-lhe algum dom que se transformou em um mal aos homens que comem pão.

7 Depois de terminar essa obra perniciosa e inevitável, o Pai Zeus enviou Hermes para que entregasse Pandora de presente a Epimeteu, irmão de Prometeu. Epimeteu não levou em conta a recomendação de seu irmão: não aceitar nada de Zeus Olímpico e lhe devolver seus presentes, para que não trouxessem desgraça aos mortais. Assim, Epimeteu, aquele que reflete tarde demais, aceitou o presente, e não se sentiu mal até depois de tê-lo recebido.

8 Antes desse dia, as gerações de homens viviam na Terra livres do mal, do trabalho duro e de enfermidades cruéis, causadoras da morte. Porém, agora, os mortais envelheceriam entre misérias.

9 Quando Epimeteu recebeu o presente, Pandora ergueu a tampa de uma grande caixa que tinha em suas mãos e espalhou, sobre os homens, misérias horríveis. Somente a Esperança ficou presa na caixa, e não pôde voar, pois a mulher voltara a fechar a tampa por ordem de Zeus.

10 A partir de então, espalharam-se inúmeros males entre os homens, que encheram a terra e cobriram o mar. Noite e dia as enfermidades passaram a assolar os seres humanos, trazendo em silêncio todas as dores,

porque o sábio Zeus negou a voz aos mortais. Assim, ninguém pode evitar a vontade de Zeus.

HESIOD. *The poems and fragments.* Oxford: At The Clarendon Press, 1908. Disponível em: <http://www.dominiopublico.gov.br/download/texto/0606_Bk.pdf>. Acesso em: 31 out. 2012. Tradução e adaptação das autoras.

III. Atividades orais de interpretação

1) As hipóteses que você levantou a respeito da sequência da narrativa se confirmam após a leitura? Comente.
2) O que fez Prometeu para causar a ira de Zeus?
3) Como Zeus castigou a humanidade pela atitude de Prometeu?
4) Como Pandora foi criada? Quem foram os responsáveis por sua criação?
5) Por que ela recebeu esse nome?
6) A quem Zeus enviou Pandora?
7) Qual foi o conselho que Epimeteu recebeu? Quem lhe deu esse conselho?
8) Epitemeu acatou o conselho? Que consequência teve seu ato?
9) Você acredita que o mal que hoje assola os homens decorre da desobediência de Prometeu? Por quê?

IV. Atividades escritas de interpretação

1) Aponte sinônimos para os vocábulos do mito. Considere o contexto em que foram empregados.
   a) vital (parágrafo 1):
   b) férula (parágrafo 1):
   c) oco (parágrafo 1):
   d) astuto (parágrafo 3):
   e) flagelo (parágrafo 3):
   f) venerável (parágrafo 4):
   g) dissimular (parágrafo 4):

h) formosos (parágrafo 5):

i) perniciosa (parágrafo 7):

j) misérias (parágrafo 9):

k) horríveis (parágrafo 9):

l) enfermidades (parágrafo 10):

2) Quem são as personagens principais do *Mito de Prometeu e Pandora*? Diga se eles são seres humanos, heróis, deuses ou seres sobrenaturais e explique sua opção.

3) Por que os deuses mantinham o fogo em segredo?

4) Qual é a relação existente entre deuses e homens no mito em estudo?

5) Por que Zeus diz a Prometeu que os homens irão abraçar seu próprio flagelo?

6) Complete com a função de cada personagem na criação de Pandora.

a) Hefesto:

b) Atena:

c) Afrodite:

d) Hermes:

e) deusas Cárites:

f) as Horas:

7) Compare a vida dos homens e preencha o quadro que segue.

Antes da criação de Pandora	**Após o castigo imposto por Zeus**

8) Qual é a possível causa de somente a Esperança ter ficado presa na caixa?

9) Esse mito contém absurdos? Explique.

10) O que o *Mito de Prometeu e Pandora* tenta explicar?

11) Qual é o ensinamento que se pode depreender desse mito?

12) A partir da leitura do texto, é possível determinar a época e o espaço de origem do *Mito de Prometeu e Pandora*? Por quê?

13) O mito pode ser estruturado em: *situação inicial*, *complicação*, *ações*, *resolução* e *situação final*. Com base nisso, atente para o mito em estudo e faça o que se pede.

a) Na *situação inicial*, há a exposição de um estado de coisas que pode ser considerado de equilíbrio. Descreva a situação inicial.

b) A seguir, na *complicação*, ocorre uma perturbação que gera uma tensão. Explique como isso acontece.

c) A perturbação desencadeia uma série de fatos denominados *ações*. Aponte três dessas ações.

d) Após, na *resolução*, acontecem fatos que levam à redução da tensão. Indique esses fatos.

e) A *situação final* evidencia um novo estado de equilíbrio oriundo da resolução. Explicite como isso ocorre.

V. Práticas de análise da linguagem e reflexão linguística

1) No *Mito de Prometeu e Pandora*, os nomes dos deuses são acompanhados por expressões ou palavras, chamadas de apostos, as quais especificam quem são esses deuses. Ex.: *O bravo Prometeu, **aquele que vê o futuro**,* [...] (parágrafo 1).

Retire do texto ordenadamente todos os apostos e diga a quem se referem.

Aposto	A quem se refere
a) aquele que vê o futuro	a) o bravo Prometeu (parágrafo 1)
b)	b)
c)	c)
d)	d)
e)	e)
f)	f)
g)	g)
h)	h)
i)	i)
j)	j)
k)	k)
l)	l)

2) O vocativo consiste num termo que serve para chamar ou interpelar com ênfase o interlocutor. Ex.: *Paulo*, não falte às aulas.

➢ Com base nessa explicação, aponte um vocativo no mito em estudo.

3) Qual é a pessoa do discurso empregada pelo narrador ao apresentar os fatos? O narrador é personagem ou observador?

4) Atente para os tempos verbais utilizados no mito.

   a) Qual é o tempo verbal predominante no texto? O que isso mostra em relação aos fatos narrados?

   b) No terceiro parágrafo, percebe-se o uso do presente. Por que isso ocorre?

   c) Qual é o parágrafo com verbos no futuro do presente? Por qual motivo isso acontece?

5) No *Mito de Prometeu e Pandora*, ocorre a coesão referencial, que se concretiza pela referência a elementos do próprio texto. Releia a narrativa e indique os referentes dos elementos destacados em negrito nas frases que seguem.

a) *Zeus, irritado porque o sábio Prometeu* ***o*** *enganara, preparou para a humanidade situações que* ***lhe*** *causariam tristezas* (parágrafo 2).

b) [...] *Zeus ordenou que desse à mulher a graça de encantar os homens e despertar* ***seu*** *desejo. Ao mensageiro Hermes, matador de Argos,* ***ele*** *determinou que concedesse a* ***ela*** *a capacidade de enganar e dissimular* (parágrafo 4).

c) *Epimeteu não levou em conta a recomendação de seu irmão: não aceitar nada de Zeus Olímpico e* ***lhe*** *devolver* ***seus*** *presentes, para que não trouxessem desgraça aos mortais. Assim, Epimeteu,* ***aquele*** *que reflete tarde demais, aceitou o presente, e não se sentiu mal até depois de tê-****lo*** *recebido* (parágrafo 7).

6) Assinale a tipologia de base do *Mito de Prometeu e Pandora* e justifique sua resposta.

( ) Narração; ( ) descrição; ( ) dissertação; ( ) predição; ( ) injunção; ( ) explicação.

7) No texto em análise, a descrição se faz presente? Caso a resposta seja afirmativa, exemplifique.

6.4 Produção textual

I. Produção escrita

No *Mito de Prometeu e Pandora*, os homens foram castigados por Zeus devido à desobediência de Prometeu.

Dê continuidade à narrativa, supondo que um deus salvará o mundo desse castigo. Use sua imaginação e criatividade, e aplique em seu texto as características do mito.

II. Produção oral

Escolha uma das propostas que seguem e depois apresente o texto aos colegas e professor.

a) Pesquise outros mitos.

b) Procure outra versão do *Mito de Prometeu e Pandora*.

III. Retextualização do gênero

A partir do *Mito de Prometeu e Pandora*, produza uma crônica. Faça uma reflexão sobre a validade ou não dos mitos no mundo contemporâneo como explicação para as questões essenciais da existência humana.

7 Artigo de opinião

O artigo de opinião consiste num gênero textual que constrói uma opinião a respeito de uma questão controversa. Bräkling (2000) esclarece que esse gênero objetiva convencer o leitor com relação a uma ideia, de modo a influenciar e transformar seus valores por meio da argumentação a favor de uma posição e da refutação de possíveis opiniões contrárias. Conforme a autora, esse processo prevê a sustentação das afirmações por meio da apresentação de dados consistentes. Assim, a tipologia textual de base do artigo de opinião é dissertativa.

Esse gênero pode abordar temas atuais de ordem social, econômica, política ou cultural relevantes para os leitores. Segundo Rodrigues (2007), o artigo de opinião prioriza a análise dos acontecimentos sociais em si e a posição do autor.

No artigo de opinião, de acordo com Bräkling (2000), evidenciam-se a dialogicidade e a alteridade no processo de produção: o autor coloca-se no lugar do outro e justifica suas afirmações, a partir de possíveis questões ou conclusões contrárias, suscitadas pelo leitor.

A finalidade comunicativa do gênero é analisar, avaliar e responder a uma questão por meio da argumentação. Cada parágrafo contém habitualmente um argumento que dá suporte à conclusão geral.

O produtor do artigo usa argumentos com o objetivo de defender uma posição. Entre eles, destacam-se os que seguem (KÖCHE; PAVANI; BOFF, 2013).

a) *Argumento de autoridade*: uso de citação de autores renomados ou de autoridades no assunto, a fim de comprovar uma ideia, uma tese ou um ponto de vista. Seu emprego torna o discurso mais consistente, pois outras vozes reforçam o que o produtor do texto quer defender. Por exemplo, num artigo de opinião sobre a idade penal, pode-se trazer a voz de um juiz ou promotor.

b) *Argumento de consenso*: utilização de proposições evidentes por si mesmas ou universalmente aceitas como verdade. Exemplo: é consenso afirmar que o Brasil precisa investir na educação, saúde e segurança.

c) *Argumento de provas concretas*: apresentação de fatos, dados estatísticos, exemplos e ilustrações com o objetivo de comprovar a veracidade do que se diz. Exemplifica-se: ao abordar o resultado positivo no Brasil com a implantação da Lei Seca, é possível citar os números da redução de acidentes e mortes no trânsito para dar suporte à opinião do autor favorável a essa lei.

d) *Argumento de competência linguística*: emprego da linguagem adequada à situação de interlocução. A escolha dos vocábulos, locuções e formas verbais, entre outros aspectos linguísticos, é essencial para a efetiva interação entre o autor e seu leitor.

O artigo de opinião é escrito por um jornalista ou colaborador do jornal, revista ou *site*. Geralmente, o produtor é uma autoridade no assunto abordado ou pessoa reconhecida na sociedade.

Esse gênero é publicado em jornais e revistas impressas ou *on-line*, em seção destinada à emissão de opiniões. Sua publicação pode ser diária, semanal, quinzenal ou mensal. O texto ocupa um espaço físico limitado, normalmente de meia a uma página, conforme o periódico.

O público-alvo a que o artigo de opinião se destina são pessoas quase sempre com um nível de escolaridade médio ou superior. Na maioria das vezes, o leitor busca esse gênero com o objetivo de encontrar informações e formar uma opinião sobre assuntos controversos.

O artigo de opinião pode estruturar-se em: *situação-problema*, *discussão* e *solução-avaliação*.

a) *Situação-problema*: coloca a questão a ser desenvolvida para guiar o leitor ao que virá nas demais partes do texto.

b) *Discussão*: expõe os argumentos e constrói a opinião a respeito da questão examinada. Segundo Guedes (2002), o texto dissertativo apresenta provas a favor da posição assumida e provas para mostrar que a posição contrária está equivocada. Nesta parte, o artigo de opinião vale-se de fatos concretos, dados e exemplos, com o uso de sequências narrativas, descritivas e explicativas, entre outras, a fim de evitar abstrações.

c) *Solução-avaliação*: evidencia a resposta à questão proposta. Pode haver a reafirmação da posição assumida ou a apreciação do assunto abordado.

O artigo de opinião utiliza uma linguagem acessível ao interlocutor a que se destina. Utiliza a primeira ou a terceira pessoa do discurso com o propósito de debater o tema. Quanto aos tempos verbais, Bräkling (2000) constatou o emprego do presente do indicativo (ou do subjuntivo) para apresentar a questão, os argumentos e os contra-argumentos, e o uso do pretérito para dar uma explicação ou expor dados.

Com o objetivo de manter a coerência temática e a coesão, esse gênero textual pode valer-se de diversos recursos linguísticos, como operadores argumentativos (mas, também, em vista disso, portanto, além disso, inclusive etc.) e dêiticos (este, agora, hoje, neste momento, ultimamente, recentemente, ontem, há alguns dias, antes de, de agora em diante etc.).

7.1 Análise ilustrativa

LIVRO ELETRÔNICO

1 Este é um dos temas sobre os quais os jornalistas e leitores habituais mais nos interrogam. O livro vai acabar, as editoras vão fechar, é a morte dos autores? Primeiro, os catastrofistas de plantão são em geral mal-informados. Quando surgiu o rádio, dizia-se, nesse mesmo tom, que ninguém mais iria conversar nas famílias. Vindo a televisão, estavam mortos o teatro e o rádio. Chegando a internet, tudo estava acabado, menos o isolamento, a alienação.

2 Nada mudou radicalmente dentro desse esquema: não se deixou de conversar (as pessoas nunca se comunicaram tanto quanto na internet), não se deixou de ir ao teatro (bons espetáculos atraem muita gente), ninguém parou de ir ao cinema (a não ser por medo de sair à noite, pela insegurança que se alastra), enfim, cada novo invento acrescentou, não tirou.

3 Li um diálogo interessante, dirigido por um jornalista, entre Umberto Eco e um roteirista francês, sobre o assunto. Os dois são donos de imen-

sas bibliotecas, de muitas dezenas de milhares de volumes. Portanto, são amantes de livro, vivem com e para o livro.

4 Interessantes comentários: o registro escrito, seja em papel, pergaminho, nas antiquíssimas tabuinhas de argila, é o mais sólido, é permanente. O *e-book*, o livro eletrônico, que tem suas vantagens como todo artefato moderno, tem desvantagens claras de saída. Por exemplo, dependeremos de mais decodificadores, suportes, seja como for: já não conseguimos ver os antigos vídeos de poucos anos atrás, a não ser que ainda tenhamos em casa aquele aparelho já superado onde os enfiar. Logo os CDs serão esquecidos, os DVDs serão antiquados, e teremos de modificar, a cada nova invenção, a nossa biblioteca eletrônica. Sem falar na saúde dos olhos, atacados pelo tipo de luminosidade, modo de leitura, do texto na página de um *e-book*.

5 Outro assunto que me fascinou liga-se à bela palavra "palimpsesto". Para quem não sabe, é a escrita sobre outra escrita. Encontram-se, em bibliotecas monumentais como a do Congresso americano, raridades em forma de tabuinhas, argila, pergaminho, couro, e mesmo papel, em que trechos ou palavras foram raspados e outros escritos em seu lugar, ou simplesmente por cima. Revelados, abrem-nos facetas incríveis da antiga cultura, pessoas, modos de vida. São camadas de civilização, que fascinam exércitos de cuidadores e estudiosos. No *e-book* teremos apenas o reles imediato. Prático, sim: não definitivo nem profundo.

6 Naturalmente dirão que sou viciada no livro de papel: direi que, sim, o cheiro de livro, de biblioteca ou de livraria é mágico para quem como eu foi criada nesse meio, ligada a esse instrumento de prazer, informação e crescimento pessoal, de integração no mundo, sem fronteiras de espaço e tempo. Isso pode entediar a novíssima geração, para quem a tela do computador é mais fascinante do que a lombada de um livro: e por que não? Tudo é legítimo e vale a pena, desde que não corrompa nem emburreça nem empobreça demais.

7 Eu direi que as duas coisas podem e vão conviver, como rádio e família, televisão e teatro, internet e outros meios de comunicação. Tudo está aí para nos servir, se não formos incompetentes demais. O resto, as discussões sobre o fim do livro e a morte das editoras, quem sabe dos es-

critores, me parece tolo, material de intermináveis diálogos e discussões vazias, artigos sem fundamento, entrevistas sem grande interesse.

8 E se o livro eletrônico vencer, se conseguirmos afinal um meio permanente, que permita ler anos a fio em todos os lugares do mundo, preservar com segurança, e transmitir velhíssimos recados ocultos, vamos continuar lendo, escrevendo, editando. A forma importa pouco: importam o prazer, a comunicação, o estudo, a pesquisa, a aventura através do tempo, do espaço, das culturas e das mentes, que a palavra desperta em quem sabe perceber ali uma janela, que se abre de par em par, passando para o outro lado, e se entregando. Então já não rasteja, mas voa. Já não se encolhe, mas se desdobra, e intensamente vive.

LUFT, Lya. Livro eletrônico. *Veja*, São Paulo, ed. 2182, p. 26, 15 set. 2010.

O artigo *Livro eletrônico*, de autoria de Lya Luft, questiona se os livros digitais poderão substituir os impressos. Foi publicado na revista semanal *Veja*, e volta-se aos leitores desse periódico.

O artigo de opinião em estudo estrutura-se em *situação-problema*, *discussão* e *solução-avaliação*.

Na *situação-problema* (parágrafo 1), a escritora interroga se estamos ou não diante do fim do livro impresso, do fechamento das editoras e da morte dos autores com o surgimento das novas tecnologias. Ela afirma que o tema causa dúvida entre leitores e jornalistas, e cita os posicionamentos equivocados de algumas pessoas sobre o assunto.

Na *discussão* (parágrafos 2-6), Luft constrói sua opinião acerca da questão proposta. Argumenta que nada mudou com o advento das novas tecnologias: as pessoas não deixaram de conversar, de ir ao teatro e ao cinema; ao contrário, os novos inventos trouxeram benefícios.

Na sequência, a autora diz que o livro eletrônico tem suas vantagens, como todo produto moderno, e ressalta algumas de suas desvantagens: a dependência de mais decodificadores, a necessidade de substituir constantemente os aparelhos e o prejuízo à saúde dos olhos. Compara também a durabilidade e permanência dos textos escritos em papel e outros materiais com o imediatismo do *e-book*.

Ainda na *discussão*, Luft enfatiza o prazer e a magia do livro impresso, mas destaca que ele pode aborrecer a nova geração, já fascinada pela tela do computador. Diz que tanto o livro impresso quanto o *e-book* são válidos desde que não prejudiquem o ser humano.

Na *solução-avaliação* (parágrafos 7-8), a escritora responde à questão proposta na *situação-problema* (parágrafo 1): afirma que os livros impressos não vão deixar de existir e conviverão com os livros eletrônicos, e as discussões em torno do fim das editoras e dos autores não têm fundamento. Segundo a autora, pouco importa a forma como o livro se apresenta, mas o que tem importância é o seu conteúdo e os benefícios da leitura.

No artigo de opinião em estudo, Lya Luft utiliza uma linguagem acessível ao leitor. Emprega a primeira pessoa do discurso para abordar o assunto (*Li um diálogo interessante* [...] - parágrafo 3), o que dá maior credibilidade ao texto.

Quanto aos tempos verbais, predomina no texto o presente e o pretérito perfeito do indicativo. A autora usa o presente ao discutir a questão (*Este é um dos temas* [...] - parágrafo 1), visto ser um assunto atual no momento da publicação do artigo, e vale-se do pretérito perfeito quando se remete ao passado ou estabelece relação entre presente/passado (*Nada mudou radicalmente* [...] - parágrafo 2).

Com o intuito de manter a coerência temática e a coesão, a escritora utiliza recursos linguísticos, como operadores argumentativos (*quando, enfim, tanto quanto, portanto, ainda, e, como, se, então, mas...*) e dêiticos (*este, isso...*).

Assim, *Livro eletrônico* é um artigo de opinião na medida em que discute um assunto de interesse dos leitores em geral e responde a uma questão controversa: a possível substituição dos livros impressos pelos eletrônicos. Portanto, sua tipologia textual de base é dissertativa.

7.2 Estudo de texto

I. Pré-leitura

1) Dialogando sobre o gênero textual

Você já leu textos em que o autor emite uma opinião a respeito de um assunto? Cite alguns desses gêneros textuais.

2) Dialogando sobre o autor do texto

a) Quem é o autor do texto? Você já ouviu falar dele?

b) Você já leu outros textos desse autor? De que assuntos eles tratavam?

3) Dialogando sobre o conteúdo do texto

a) Em que veículo de comunicação o artigo de opinião que você lerá a seguir foi publicado?

b) Quando foi publicado?

c) Quem são os prováveis leitores do texto?

d) Você acredita na existência de vida após a morte? Por quê?

e) Se sua resposta à questão anterior foi afirmativa, como você imagina que é essa outra vida?

f) Com base no título *A vida após a morte*, qual será a opinião do autor acerca do assunto?

II. Leitura

1) Leitura silenciosa do artigo de opinião.

2) Leitura em voz alta do gênero pelo professor ou por um aluno.

A VIDA APÓS A MORTE

1 Muitos cientistas, talvez a maioria, não acreditam em Deus, muito menos na vida após a morte. Os argumentos não são fáceis de contestar. Um professor de matemática me perguntou o que existia de mágico no número 2. "Por que você não acredita que teremos três ou quatro vidas, cada uma num estágio superior?" O que faria sentido, disse ele, seriam os números zero, 1 e infinito. Zero vida seria a morte; uma vida, aquela que temos; e infinitas vidas, justamente a visão hinduísta e espírita.

2 Outro dia, um amigo biólogo me perguntou se eu gostaria de conviver bilhões de anos ao lado dos ectoplasmas de macaco, camundongo, besouro e formiga, trilhões de trilhões de vidas após a morte. "Você vai passar a eternidade perguntando: 'É você, mamãe?', até finalmente en-

contrá-la." Não somos biologicamente tão superiores aos animais como imaginávamos 2.000 anos atrás. "É uma arrogância humana", continuou meu amigo biólogo, "achar que só nós merecemos uma segunda vida."

3 O cientista Carl Sagan adverte, como muitos outros, que vida só se tem uma e que devemos aproveitar ao máximo a que temos. "*Carpe diem*", ensinava o ator Robin Williams, "curtam o sexo e o *rock and roll*." Sociólogos e cientistas políticos vão argumentar que o céu é um engenhoso truque das classes religiosas para manter as massas "bem-comportadas e responsáveis".

4 Onde eu quero chegar é que, dependendo de sua resposta a essa questão, seu comportamento em terra será criticamente diferente. Resolver essa dúvida religiosa logo no início da vida adulta é mais importante do que se imagina. Obviamente, essa questão tem inúmeros ângulos e dimensões mais completas do que este curto ponto de vista, mas existe uma dimensão que poucos discutem, o que me preocupa. Eu, pessoalmente, acredito na vida após a morte. Acredito que existem até provas científicas compatíveis com as escrituras religiosas. A genética mostra que você continuará vivo, depois de sua morte, no DNA de seus filhos. Seu DNA poderá ser eterno, ele continuará "vivo" em nossa progênie, nos netos e bisnetos. "Nossa" vida continua; geração após geração, teremos infinitas vidas, como pregam os espíritas e os hindus.

5 Mais interessante ainda, seus genes serão lentamente misturados, através do casamento de filhos e netos, com praticamente os de todos os outros seres humanos da Terra. Seremos lentamente todos irmãos ou parentes, uma grande irmandade, como rezam muitos textos místicos e religiosos. Por isso, precisamos ser mais solidários, fraternos uns com os outros, e perdoar, como pregam todas as religiões. A pessoa que hoje você está ajudando ou perseguindo poderá vir a ser o bisavô daquela moça que vai um dia se casar com seu bisneto.

6 Seremos todos um, católicos, anglicanos, protestantes, negros, árabes e judeus, sem guerras religiosas nem conflitos raciais. É simplesmente uma questão de tempo. Por isso, temos de adotar um estilo de vida "bem-comportado e responsável", seguindo preceitos éticos e morais úteis às novas gerações.

7 Não há dúvida de que precisaremos curtir mais o dia a dia, mas nunca à custa de nossos filhos, deixando um planeta poluído, cheio de dívidas públicas e previdenciárias para eles pagarem. Estamos deixando um mundo pior para nós mesmos, são nossos genes que viverão nesse futuro. Inferno nessa concepção é deixar filhos drogados, sem valores morais, sem recursos, desempregados, sem uma profissão útil e social. Se não transmitirmos uma ética robusta a eles, nosso DNA terá curta duração.

8 "Estar no céu" significa saber que seus filhos e netos serão bem-sucedidos, que serão dignos de seu sobrenome, que carregarão seus genes com orgulho e veneração. Ninguém precisa ter medo da morte sabendo que seus genes serão imortais. Assim fica claro qual é um dos principais objetivos na vida: criar filhos sadios, educá-los antes que alguém os "eduque" e apoiá-los naquilo que for necessário. Por isso, as mulheres são psicologicamente mais bem resolvidas quanto a seu papel no mundo do que os homens, com exceção das feministas.

9 Homens que têm mil outros objetivos nunca se realizam, procurando a imortalidade na academia ou matando-se uns aos outros. Se você pretende ser imortal, cuide bem daqueles que continuarão a carregar seu DNA, com carinho, amor e, principalmente, dedicação.

KANITZ, Stephen. A vida após a morte. *Veja*, São Paulo, ed. 2061, ano 41, n. 20, p. 18, 21 maio 2008.

III. Atividades orais de interpretação

1) As hipóteses que você levantou a respeito da opinião do autor sobre o assunto *A vida após a morte* se confirmam após a leitura? Comente.
2) Do que trata o texto?
3) Qual foi o possível motivo que levou o autor a discutir esse assunto?
4) O autor do texto *A vida após a morte* narra, descreve ou emite uma opinião?
5) Qual é o ponto de vista do autor acerca da existência de vida após a morte?

6) Por que ninguém precisa ter medo da morte na opinião do autor? Você concorda com ele? Por quê?

7) Qual é a postura do autor em relação ao assunto (irônico, crítico, incisivo, indiferente)? Justifique sua resposta.

IV. Atividades escritas de interpretação

1) A partir do sentido das palavras no texto, numere a segunda coluna de acordo com a primeira.

(a) contestar (parágrafo 1)	( ) alerta
(b) ectoplasmas (parágrafo 2)	( ) evidentemente
(c) arrogância (parágrafo 2)	( ) cataplasma
(d) adverte (parágrafo 3)	( ) descendência
(e) engenhoso (parágrafo 3)	( ) questionar
(f) obviamente (parágrafo 4)	( ) admiração
(g) progênie (parágrafo 4)	( ) atrevimento
(h) irmandade (parágrafo 5)	( ) bem articulado
(i) veneração (parágrafo 8)	( ) camada mais externa do citoplasma
	( ) fraternidade

2) Atente para a expressão ***Carpe diem*** (parágrafo 3). Pesquise o significado desse termo e relacione-o com o sentido global do texto.

3) O artigo de opinião estrutura-se em: *situação-problema*, *discussão* e *solução-avaliação*. Na *situação-problema*, Stephen Kanitz apresenta a questão a ser abordada no texto. Qual é essa questão?

4) Para discutir a questão tratada no artigo, o autor vale-se de diferentes pontos de vista. Associe cada um dos profissionais à sua respectiva opinião.

( ) Professor de matemática	(1) Acredita(m) na existência de vida após a morte.
( ) Biólogo	
( ) Cientista Carl Sagan	(2) Não acredita(m) na existência de vida após a morte.
( ) Ator Robin Williams	
( ) Sociólogos e cientistas políticos	

5) Na *discussão*, o autor constrói sua opinião a respeito da questão examinada.

a) Qual é a posição por ele defendida acerca da vida após a morte?

b) Que argumento de provas concretas ele utiliza para comprovar seu ponto de vista?

6) Qual é a consequência advinda da adoção desse ponto de vista?

7) Que motivo leva o autor a afirmar: [...] *precisamos ser mais solidários, fraternos uns com os outros, e perdoar* [...] (parágrafo 5)?

8) Na *solução-avaliação*, Kanitz reafirma a posição assumida e faz uma avaliação do assunto discutido.

a) Qual é a avaliação do autor em relação às pessoas que não se preocupam com a vida após a morte?

b) Que conselho ele dá àquelas que pretendem ser imortais?

9) O que significa estar no céu e estar no inferno para Kanitz? Preencha o quadro.

Estar no céu	**Estar no inferno**

10) Na visão do autor, qual é um dos principais objetivos na vida?

11) Kanitz diz que as mulheres são mais bem resolvidas do que os homens quanto ao seu papel no mundo.

a) Qual foi o possível motivo que o levou a declarar isso?

b) Em sua opinião, por que ele exclui as feministas do grupo de mulheres bem resolvidas?

12) Como você interpreta a afirmação: *Homens que têm mil outros objetivos nunca se realizam, procurando a imortalidade na academia ou matando-se uns aos outros* (parágrafo 9)?

V. Práticas de análise da linguagem e reflexão linguística

1) Aponte no artigo vocábulos que fazem parte do campo semântico ***morte***.

2) Por que, no texto, aparecem palavras de sentidos opostos, como ***vida/morte***, ***céu/Terra*** e ***céu/inferno***?

3) Nos parágrafos 3 e 6, o autor utiliza os adjetivos ***bem-comportado(as)*** e ***responsável(is)***. Que sentido pode-se depreender do emprego desses vocábulos em cada uma das situações?

4) O autor vale-se reiteradamente das palavras ***ética(os)*** e ***morais*** no texto. Que relação esses vocábulos estabelecem com o assunto abordado?

5) O motivo que levou o autor a utilizar o recurso das aspas no primeiro parágrafo é o mesmo que no oitavo parágrafo? Explique.

6) Que sentido o uso do verbo **poder** atribui a estas frases?

   a) *Seu DNA **poderá** ser eterno, ele continuará "vivo" em nossa progênie, nos netos e bisnetos* (parágrafo 4).

   b) *A pessoa que hoje você está ajudando ou perseguindo **poderá** vir a ser o bisavô daquela moça que vai um dia se casar com seu bisneto* (parágrafo 5).

7) Releia este fragmento do texto e responda às questões.

   Não há dúvida de que precisaremos curtir mais o dia a dia, mas nunca à custa de nossos filhos, deixando um planeta poluído, cheio de dívidas públicas e previdenciárias para eles pagarem (parágrafo 7).

   a) Quais são as duas ideias opostas nesse fragmento?

   b) Qual é o vocábulo que estabelece ligação entre essas duas ideias?

   c) É possível substituir esse vocábulo pela palavra **porque** sem alterar o sentido da frase? Explique.

   d) Que palavra poderia substituir esse vocábulo sem prejuízo para o sentido original da frase? Justifique.

8) Agora, compare o excerto anterior com esta parte do artigo de opinião.

   *Obviamente, essa questão tem inúmeros ângulos e dimensões mais completas do que este curto ponto de vista, **mas** existe uma dimensão que poucos discutem, o que me preocupa* (parágrafo 4).

vão em ambos os trechos. Explique.

b) Substitua o operador ***mas*** por outra palavra de modo a man mesmo sentido.

9) Analise este fragmento do texto.

Assim *fica claro qual é um dos principais objetivos na vida: criar sadios, educá-los antes que alguém os "eduque" e apoiá-los naquilo q necessário.* ***Por isso****, as mulheres são psicologicamente mais bem re das quanto a seu papel no mundo do que os homens, com exceção d ministas* (parágrafo 8).

a) No fragmento, é possível trocar as expressões em negrito uma outra, sem alterar o sentido? Justifique.

b) Que outras expressões poderiam substituir cada um dos termo destaque sem mudar o sentido das frases?

10) Leia com atenção o trecho que segue e resolva as questões prop

Se *você pretende ser imortal, cuide bem daqueles que continua carregar seu DNA, com carinho, amor e, principalmente, dedicação* (grafo 9).

a) Qual é o sentido expresso pelo operador argumentativo ***Se***?

b) Que palavra poderia substituir esse operador sem alterar o se original da frase?

11) Retome os parágrafos do texto indicados a seguir e atente para frases.

I) *Não somos biologicamente tão superiores aos animais* ***como*** *ima vamos 2.000 anos atrás* (parágrafo 2).

II) *O cientista Carl Sagan adverte,* ***como*** *muitos outros, que vida só s uma e que devemos aproveitar ao máximo a que temos* (parágraf

III) *Por isso, precisamos ser mais solidários, fraternos uns com os out perdoar,* ***como*** *pregam todas as religiões* (parágrafo 5).

a) Substitua, em cada frase, o operador argumentativo ***com*** outros de modo a conservar seu sentido. Efetue as adequa necessárias.

b) O operador **como** estabelece a mesma relação de sentido em todas as frases? Justifique.

12) Releia com atenção o quinto e o sexto parágrafos do artigo de opinião.

a) Que informações o operador argumentativo ***por isso*** retoma no parágrafo 5? E no parágrafo 6?

b) Que outra expressão poderia substituir o operador ***por isso*** em cada uma das frases sem alterar seu sentido original?

c) O operador argumentativo ***por isso*** tem o mesmo sentido em ambas as ocorrências? Qual(is)?

13) Substitua os termos em negrito por outros de mesmo significado e realize as adequações necessárias. Especifique a relação de sentido estabelecida pelo termo em cada frase.

a) *O cientista Carl Sagan adverte, como muitos outros, que vida* ***só*** *se tem uma e que devemos aproveitar ao máximo a que temos* (parágrafo 3).

b) *Mais interessante* ***ainda****, seus genes serão lentamente misturados, através do casamento de filhos e netos, com praticamente os de todos os outros seres humanos da Terra* (parágrafo 5).

14) Retome o primeiro e o sétimo parágrafos do texto e responda às questões.

a) *O que faria sentido, disse* ***ele****, seriam os números zero, 1 e infinito* (parágrafo 1). Quem é ***ele***? Por que o autor empregou esse pronome?

b) *Não há dúvida de que precisaremos curtir mais o dia a dia, mas nunca à custa de nossos filhos, deixando um planeta poluído, cheio de dívidas públicas e previdenciárias para* ***eles*** *pagarem* (parágrafo 7). Quem são ***eles***? Por que esse pronome foi usado?

15) Nos parágrafos 4, 5, 8 e 9, o autor utiliza reiteradamente o pronome ***seu(s)***. A que ou a quem esse termo faz referência? Justifique o uso do pronome.

16) A quem o autor se refere nos parágrafos 4 e 7 quando se vale dos pronomes ***nosso(s)*** e ***nossa***? Qual é a razão do emprego desses pronomes?

17) Diga a que faz referência cada um dos excertos a seguir.

a) aquela que temos (parágrafo 1):

b) essa questão (parágrafo 4):

c) nesse futuro (parágrafo 7):

d) nessa concepção (parágrafo 7):

18) Na frase que segue, há uma elipse, ou seja, uma palavra ou expressão foi omitida. Qual? Por quê?

Mais interessante ainda, seus genes serão lentamente misturados, através do casamento de filhos e netos, com praticamente os de todos os outros seres humanos da Terra (parágrafo 5).

19) No parágrafo 7, se substituirmos a expressão ***não há dúvida de que*** por **com certeza**, haverá mudança de sentido? Por quê?

20) Se trocarmos o vocábulo ***obviamente*** por **excepcionalmente** no parágrafo 4, ocorrerá alteração de sentido? Justifique.

21) No parágrafo 9, Kanitz se dirige ao leitor, caracteriza a forma como este deve cuidar dos que carregarão seu DNA e chama a atenção para o termo ***dedicação***.

a) Que palavra o autor utiliza com o objetivo de enfatizar esse termo?

b) Que vocábulo poderia substituir essa palavra, mantendo o sentido original da frase?

22) Troque as palavras em negrito por outras de mesmo sentido e especifique a circunstância que cada uma delas expressa (tempo, modo, lugar, intensidade, oposição, afirmação, negação ou dúvida).

a) *Mais interessante ainda, seus genes serão* ***lentamente*** *misturados, através do casamento de filhos e netos, com praticamente os de todos os outros seres humanos da Terra* (parágrafo 5).

b) *Muitos cientistas,* ***talvez*** *a maioria, não acreditam em Deus, muito menos na vida após a morte* (parágrafo 1).

7.3 Produção textual

I. Produção escrita

Qual é a sua posição sobre a questão: existe vida após a morte?

Produza um artigo de opinião, explicitando seu ponto de vista. Pesquise sobre o assunto, a fim de obter mais informações. Lembre-se de empregar argumentos consistentes para defender sua opinião e convencer o interlocutor.

Depois, reescreva o texto e faça os ajustes sugeridos por seu professor e outros que julgar necessários.

II. Produção oral

Com base no texto que você escreveu no exercício anterior, participe de um debate regrado juntamente com seus colegas. Você irá expor seu ponto de vista sobre a vida após a morte.

III. Retextualização do gênero

Faça um resumo do artigo de opinião *A vida após a morte*, de Stephen Kanitz. Após, confronte o resumo que você produziu com o de seu colega, a fim de verificar se está coerente com o texto original. Com base nisso, realize as adequações necessárias em seu texto.

8 Artigo de divulgação científica

O artigo de divulgação científica é um gênero textual que torna públicos os conhecimentos oriundos das pesquisas realizadas nas diferentes áreas da ciência. Conforme Loureiro (2003), a divulgação científica consiste no uso de técnicas de recodificação da linguagem da informação científica e tecnológica, com o objetivo de atingir os leitores em geral, por meio de diferentes meios de comunicação de massa. Segundo o autor, a divulgação científica também é denominada vulgarização ou popularização da ciência.

Esse gênero textual normalmente é publicado numa seção específica, em periódicos impressos ou *on-line*. A autoria cabe a um pesquisador da área do conhecimento a que o tema se vincula ou a um jornalista especializado no assunto. No entanto, o artigo pode não possuir autor e, neste caso, o periódico se responsabiliza pela matéria.

Giering (2009) constatou em suas pesquisas que o artigo de divulgação científica situa-se entre os contextos midiático, didático e científico.

De acordo com a autora, o contexto midiático abrange os artigos que se aproximam do discurso jornalístico e circulam nos meios de comunicação de massa. Ela afirma que, nos artigos vinculados a esse contexto, predomina o fazer-saber, pois divulgam os resultados de uma investigação ou uma descoberta científica.

Por sua vez, ainda segundo Giering (2009), o contexto didático abarca os artigos de divulgação científica que apresentam uma organização explicativa do tipo pergunta-resposta. Ela afirma que neles prevalece o fazer-compreender, visto que o gênero explica, sobretudo, processos ou funções de um tema do cotidiano do leitor sob a perspectiva científica.

Já o contexto científico, na opinião de Giering (2009), diz respeito à formação sociodiscursiva da ciência, e os artigos de divulgação científica que pertencem a esse contexto se aproximam do gênero artigo científico. Nesses artigos, para ela, prepondera o fazer-crer, já que eles colocam uma controvérsia acerca de um tema científico e utilizam essa polêmica como pano de fundo para a divulgação dos resultados de uma pesquisa. De acordo com a autora, neles há um maior grau de cientificidade.

Com relação à tipologia textual, conforme Giering (2009), nos artigos de divulgação científica em que predomina o fazer-saber, são dominantes as sequências narrativa e descritiva; nos artigos em que se destaca o fazer-compreender, prepondera a sequência explicativa; e naqueles em que predomina o fazer-crer, prevalece a sequência argumentativa.

O artigo de divulgação científica caracteriza-se pela impessoalidade e objetividade. Para Leibruder (2003), um índice de objetividade é o apagamento do sujeito, que consiste na substituição do ponto de vista de um indivíduo por uma perspectiva supostamente universal e neutra. Observe um exemplo em que a impessoalidade e a objetividade estão presentes: *É preocupante o aumento contínuo das taxas de mortalidade relacionadas a infecções por bactérias multirresistentes, em todos os continentes* (FERREIRA; CRUZ; FIGUEIREDO, 2011, p. 24).

Esse tipo de artigo utiliza recursos visuais, como gráficos, tabelas, fotografias, desenhos e esquemas, acompanhados por legendas. Os recursos mencionados têm relação com o conteúdo do texto verbal e podem ilustrar ou complementar as informações apresentadas, ou ainda acrescentar novos dados. Segundo Massarani e Moreira (2005), os gráficos e as tabelas permitem ao leitor uma visualização global dos dados, e são inseridos no texto por meio de referências e legendas explicativas.

Geralmente, esse gênero faz menção ao discurso científico com o uso de citações diretas e indiretas. De acordo com Zamboni (2001), as falas dos especialistas funcionam como argumentos de autoridade por evidenciarem o alicerce do discurso da ciência. Conforme a autora, as citações contribuem para dar maior credibilidade ao que é dito.

No artigo de divulgação científica também pode constar a transcrição de entrevistas com especialistas da área ou com pessoas vinculadas ao assunto abordado. Exemplo: *Leonard explica que este feito os obriga* [ursos polares] *a "colonizar regiões habitadas pelos humanos onde sua sobrevivência está comprometida"* (SANZ, 2012).

Como se observa no exemplo anterior, para marcar uma citação direta, o artigo de divulgação científica vale-se de aspas. Esse sinal gráfico pode ser usado também para realçar palavras ou expressões estranhas ao texto, em virtude de estarem empregadas no sentido metafórico ou fazerem parte de uma área específica do conhecimento, ou ainda pertencerem à linguagem coloquial.

Com a finalidade de tornar as informações mais acessíveis ao público leigo, o artigo de divulgação científica utiliza diversos recursos linguísticos, como a definição, a nomeação, a exemplificação, a paráfrase, a analogia, a comparação e as figuras de linguagem (metáfora e perífrase, entre outras).

Conforme Garcia (1995), a definição consiste numa fórmula verbal que exprime a essência de um ser, objeto ou ideia, com vistas à compreensão de um conceito. Exemplo: *A cãibra **é uma contração muscular forte, prolongada e parcialmente involuntária*** (PERDA..., 1995).

A nomeação realiza o processo inverso da definição, pois, inicialmente, o texto apresenta as características de um objeto ou ideia e, após, indica sua denominação. Observe um exemplo de nomeação: *Além disso, os estudos sobre a produção de substâncias naturais por meio de micro-organismos (**a chamada biossíntese**) também avançaram significativamente* [...] (LOPES; GUIMARÃES; PUPO, 2011, p. 34).

A exemplificação, segundo Leibruder (2003), torna os conceitos abstratos mais compreensíveis. Exemplifica-se: *O inverso também vale: de massa, pode-se criar muita energia – **esse é o caso, por exemplo, das usinas nucleares*** (CESAR, 2011, p. 39).

A paráfrase é um recurso usado para tornar o artigo inteligível ao leitor que desconhece o vocabulário específico da área. Veja um exemplo do emprego da paráfrase em citação indireta: *Sua história evolutiva* [dos ursos polares] *é, portanto, cinco vezes mais antiga do que se acreditava até o momento, conforme publicação da revista Science* (SANZ, 2012).

As analogias e as comparações são recursos que aproximam coisas ou fatos desconhecidos de elementos do dia a dia do leitor. Para Guedes (2002), esses recursos atribuem concretude ao texto. Veja exemplos.

1) *Algumas* [minhocas], *é verdade, são tão úteis ao solo **que são chamadas de arado natural*** (OPPERMANN, 2007, p. 46).

2) [...] *podemos imaginar* ***o espaço-tempo*** *– como os físicos denominam esse contínuo –* ***como algo mais simples: uma daquelas camas elásticas usadas por malabaristas de circo*** (GALVÃO, 2012, p. 22).

No exemplo 1, há uma comparação, visto que o artigo faz um paralelo entre dois termos com sentidos diferentes, as minhocas e o arado, em virtude de ambos cavarem a terra.

No exemplo 2, existe uma analogia, pois o texto estabelece uma relação de semelhança entre uma cama elástica e a noção de espaço-tempo. Esta analogia é viável, uma vez que tanto o espaço-tempo quanto a cama elástica estão sujeitos aos efeitos da gravitação.

No artigo de divulgação científica, o emprego de figuras de linguagem, sobretudo de metáforas, é significativo. Segundo Leibruder (2003), a metáfora ocorre quando existe a transferência de um termo para um campo semântico distinto daquele ao qual comumente está vinculado, havendo mudança do sentido original de acordo com o novo contexto. Observe o exemplo: *O INCT de Energia e Ambiente mantém diversas linhas de pesquisa* [...], *contribuindo com os avanços científicos e tecnológicos necessários para tornar* ***a 'energia verde' cada vez mais competitiva e valorizada*** (GUARIEIRO; TORRES; ANDRADE, 2011, p. 37). O termo ***verde*** é utilizado no sentido metafórico, pois se refere à energia oriunda do meio ambiente.

Além da metáfora, esse gênero textual vale-se de outras figuras de linguagem, como a perífrase – expressão que nomeia um ser por meio de uma de suas características ou de um acontecimento que o tornou célebre. Exemplo: *Se você estiver perto do mar, certamente a palavra capaz de lhe causar arrepios é 'tubarão'.* [...] *Obviamente* [...] *a obra de Spielberg não é nem de longe o maior problema enfrentado pelos chamados* ***'reis dos mares'*** (MENDONÇA; FORESTI, 2011, p. 49). A perífrase ocorre, pois há a substituição de um nome comum, tubarões, por uma expressão que caracteriza o ser não nomeado, ***reis dos mares***.

Quanto à sua organização, o artigo de divulgação científica não tem uma estrutura rígida. Possui *título*, relacionado com o assunto do texto, e pode também conter *subtítulo*. Tanto no título como no subtítulo é comum o emprego de vocábulos ou expressões de duplo sentido, com o intuito de despertar o interesse do leitor. Muitas vezes, já no título ou no primeiro parágrafo, o texto lança perguntas ao leitor. Exemplo: *Por que ocorrem os maremotos?*

Nesse gênero, é possível haver ainda *intertítulos*, destacados em negrito, itálico ou em cor diferente, que nomeiam os diversos blocos do texto.

O artigo de divulgação científica pode conter *lead*, geralmente presente no primeiro parágrafo ou no primeiro e segundo parágrafos. O *lead* expõe um resumo do fato científico a ser apresentado no decorrer do texto.

Nos parágrafos iniciais, o artigo coloca a questão norteadora. Na sequência, detalha o conteúdo exposto anteriormente, por meio da apresentação de causas, efeitos, exemplos, comparações, dados estatísticos, entre outros aspectos. No(s) último(s) parágrafo(s), faz um fechamento, em que retoma a questão abordada e geralmente realiza uma avaliação.

O artigo de divulgação científica vale-se de operadores argumentativos para estabelecer relação entre os segmentos do texto, tornando-o coeso. Segundo Koch (1993), esses elementos linguísticos orientam a sequência do discurso, o que determina os encadeamentos possíveis com outros enunciados capazes de continuá-lo.

Esse gênero emprega uma linguagem de fácil compreensão para o leitor, aproximando-se da jornalística, e apresenta as informações com precisão e objetividade. Utiliza alguns termos específicos pertinentes ao tema, mas evita o excesso de palavras que apenas os especialistas da área dominam. Quando o artigo usa termos ou expressões técnicas, há a elucidação do sentido, com base no conhecimento prévio do leitor. O artigo de divulgação científica introduz esses esclarecimentos por meio de operadores, como *isto é*, *ou seja* e *quer dizer*. Exemplo: *Esses organismos são parasitas obrigatórios, **ou seja,** se desenvolvem apenas em plantas vivas* (CHAVES; ALMEIDA, 2012, p. 38).

Alguns textos valem-se de termos da linguagem familiar com o objetivo de entreter o leitor e aproximar-se dele. Na frase a seguir, por exemplo, o vocábulo *sacada* possui o sentido de entendimento, percepção: *A principal **sacada** é enxergar o tempo como uma espécie de lugar onde a gente caminha* (O QUE..., 2012).

8.1 Análise ilustrativa

RISCO ÀS EXPLORAÇÕES

Mais de 16.000 detritos vagam no espaço a 28.000km/h

1 Depois de causar polêmica em todo o mundo pela imprecisão do local da queda e, consequentemente, pelo risco de causar danos materiais ou ferir pessoas, destroços do Satélite de Pesquisa de Alta Atmosfera (UARS), da NASA, caíram ao sul do Pacífico, em uma área remota e grande do oceano, segundo comunicado da Agência Espacial Americana. Lançado no espaço há mais de 20 anos, o satélite artificial, do tamanho de um ônibus e com peso de quase seis toneladas, foi desativado em 2005, mas só há cerca de dez dias entrou na atmosfera da Terra e se desfragmentou em 26 pedaços, caindo no mar. A probabilidade de algum dos destroços do equipamento atingir uma pessoa foi calculada em uma em 3,2 mil. O satélite foi construído com investimento de US$ 750 milhões e sua finalidade era medir mudanças atmosféricas e efeitos da poluição.

2 Felizmente, a queda da sucata não causou dano algum. Infelizmente, este é apenas um exemplo de todo lixo que há no espaço. O problema continua. Um estudo americano revelou que a quantidade de lixo no espaço atingiu um nível limite e perigoso. Olhando nos vídeos e nas fotos da NASA, a órbita da Terra parece um imenso espaço vazio, mas no espaço, onde estão mais de mil satélites meteorológicos, militares e de comunicação, também circundam o planeta milhares de pedaços de sucata espacial. São partes de satélites desativados e detritos resultantes de choques na órbita terrestre.

3 Tudo isso está voando à velocidade de 28 mil quilômetros por hora. O problema é tão sério que existe até uma espécie de "guarda de trânsito espacial", uma agência que monitora a posição de 16.094 pedaços de metal que voam soltos e sem controle pelo espaço.

4 Por várias vezes, técnicos da NASA foram obrigados a corrigir a rota dos ônibus espaciais para evitar colisões que seriam desastrosas. Há poucos meses, os astronautas da Estação Espacial Internacional foram obrigados a entrar nas cápsulas de fuga por causa da proximidade de uma sucata espacial que passou a apenas 250 metros deles. Além de ameaçar

os astronautas, o volume de lixo espacial que vaga na órbita terrestre ameaça também o mercado das telecomunicações.

5 Um estudo do Conselho de Pesquisa Nacional dos Estados Unidos diz que a quantidade de lixo espacial chegou a um ponto crítico. É tanta sucata lá em cima que já há detritos suficientes para gerar uma reação quase interminável de colisões, que vão gerar ainda mais destroços. São pedaços bem menores que os originais, mas igualmente destrutivos e perigosos.

Limpeza é inviável em função do elevado custo

6 Desde o lançamento do Sputnik, o primeiro objeto a entrar em órbita, em 1957, a evolução tecnológica permitiu que naves, foguetes e outras centenas de satélites explorassem o espaço tranquilamente. Após perderem a utilidade, porém, esses objetos permanecem lá e passam da categoria de exploradores para o de poluidores espaciais. Atualmente, segundo a NASA, mais de 16.000 destroços com mais de dez centímetros cada giram em torno do planeta Terra, provocando colisões e danificando naves, além de 200.000 objetos com tamanho entre um e dez centímetros e dezenas de milhões de partículas menores que um centímetro.

7 Para a saúde do planeta Terra, o lixo espacial não tem a menor importância, já que representa uma quantidade de massa insignificante, segundo explicam especialistas do Instituto de Pesquisas Espaciais (INPE). A grande afetada, caso o espaço fosse inutilizado, seria a sociedade. Os satélites que atualmente estão em órbita, por exemplo, são responsáveis por transmitir dados, sinais de televisão, rádio e telefone, sem contar os equipamentos que observam a Terra, fornecem informações sobre mudanças climáticas, podem antecipar fenômenos naturais e fazer o mapeamento de áreas. O risco é que o lixo danifique equipamentos necessários para o homem.

8 Limpar o espaço não é como limpar um terreno baldio. Não existe tecnologia para isso, há apenas algumas ideias. A concretização desses métodos, porém, exige um gasto tão astronômico que acaba sendo inviável.

RISCO às explorações. *Correio Riograndense*, Caxias do Sul, 05 out. 2011. Sabe-tudo, p. 16.

Risco às explorações é um artigo de divulgação científica, publicado na seção *Sabe-tudo* do jornal *Correio Riograndense* e direcionado aos leitores desse periódico. Não possui a assinatura do autor, uma vez que o jornal se responsabiliza pela matéria. O artigo cumpre a função de tornar públicas informações oriundas de estudos científicos a respeito do lixo existente no espaço.

Esse artigo situa-se no contexto midiático, pois é veiculado num meio de comunicação de massa. Nele prevalece o fazer-saber, visto que divulga os resultados de uma pesquisa científica, e predominam as sequências narrativa e descritiva.

Os pesquisadores envolvidos nesse estudo são americanos e pertencem ao Conselho de Pesquisa Nacional dos Estados Unidos e à NASA. Os fatos observados que motivaram os cientistas a realizarem a investigação provavelmente foram as quedas de destroços de sucata espacial ocorridas nos últimos tempos. O principal objetivo da pesquisa foi verificar a quantidade de lixo existente no espaço e a que velocidade esse material gira em torno da Terra.

O fenômeno observado no decorrer do estudo foi a existência de pedaços de sucata espacial circundando o planeta Terra. O procedimento adotado pelos cientistas na condução da pesquisa consistiu na observação do fenômeno em vídeos e fotos da NASA. As prováveis perguntas que orientaram a investigação podem ter sido as seguintes: para onde vão as partes dos objetos colocados em órbita em torno do planeta Terra, como naves, foguetes e satélites, após perderem a utilidade? Qual é o destino dos detritos resultantes de choques na órbita terrestre?

A descoberta oriunda da investigação é que a quantidade de lixo existente no espaço atingiu um ponto crítico e perigoso, e a sucata espacial e os detritos voam à velocidade de 28 mil quilômetros por hora.

A pesquisa parece não estar concluída, porque, segundo o jornal, a limpeza do espaço requer novas tecnologias, e isso geraria um gasto "astronômico".

Quanto à estrutura, o artigo em estudo intitula-se *Risco às explorações.* O título tem relação direta com a questão norteadora (parágrafo 2): [...] *a quantidade de lixo no espaço atingiu um nível limite e perigoso.* O texto possui também um subtítulo – *Mais de 16.000 detritos vagam no espaço a 28.000km/h* – e um intertítulo – *Limpeza é inviável em função do elevado custo* –, o qual facilita a localização das informações por parte do leitor.

No primeiro parágrafo, o artigo de divulgação científica contextualiza a questão desenvolvida, mediante a apresentação de um fato recente amplamente divulgado pelos meios de comunicação: a queda de destroços do Satélite de Pesquisa de Alta Atmosfera (UARS), da NASA, no sul do Pacífico.

No parágrafo 2, o texto expõe os resultados de um estudo americano que mostra a grande quantidade de lixo existente no espaço e o perigo disso para a humanidade.

Nos parágrafos 3-6, o artigo desenvolve a questão central. Indica as causas da existência de lixo espacial e os efeitos que isso acarreta para o planeta e o ser humano. Aponta, como principal causa, o fato de naves, foguetes e outros satélites vagarem na órbita da Terra ao perderem sua utilidade. As consequências disso seriam o lixo espacial ameaçar os astronautas, danificar naves, satélites de telecomunicações e outros equipamentos, em virtude de possíveis colisões.

Para tornar mais concreta a constatação de que há uma grande quantidade de lixo espacial, o artigo apresenta dados: [...] *segundo a NASA, mais de 16.000 destroços com mais de dez centímetros cada giram em torno do planeta Terra,* [...] *além de 200.000 objetos com tamanho entre um e dez centímetros e dezenas de milhões de partículas menores que um centímetro* (parágrafo 6).

Com o objetivo de esclarecer a utilidade dos satélites hoje existentes no espaço, o texto vale-se de exemplificações: *Os satélites que atualmente estão em órbita,* ***por exemplo****, são responsáveis por transmitir dados, sinais de televisão, rádio e telefone* [...] (parágrafo 7).

No último parágrafo, há um fechamento, no qual o artigo retoma a questão abordada e propõe uma comparação para facilitar o entendimento do leitor. O texto relaciona a ação de limpar o espaço com a de limpar um terreno baldio, e diz que essas duas ações não se equivalem.

Com o objetivo de estabelecer relação entre os segmentos do texto, o artigo de divulgação científica emprega operadores argumentativos, como: *depois de* (parágrafo 1) e *após* (parágrafo 6) – indicam uma circunstância de tempo; *segundo* (parágrafo 1) – exprime a ideia de conformidade; *mas* (parágrafo 1) e *porém* (parágrafo 6) – contrapõem ideias; *e* (parágrafo 1), *também* (parágrafo 2) e *além de* (parágrafo 4) – estabelecem relação de adição; *para* (parágrafo 4) – expressa finalidade; *por causa da* (parágrafo 4) e *já que* (parágrafo 7) – indicam causa; *caso* (parágrafo 7) – aponta uma condição necessária; *como* (parágrafo 8) – faz uma comparação.

O artigo usa uma linguagem acessível ao público leigo, que se aproxima do discurso jornalístico. Emprega alguns termos específicos relacionados às pesquisas espaciais: *órbita da Terra, satélites, ônibus espaciais, astronautas, cápsulas de fuga*. Porém, não utiliza em demasia palavras que somente os estudiosos da área conhecem.

O texto faz menção ao discurso científico com o uso de citações indiretas: *Um estudo do Conselho de Pesquisa Nacional dos Estados Unidos diz que a quantidade de lixo espacial chegou a um ponto crítico* (parágrafo 5). Essa citação serve como um argumento de autoridade, pois o texto se fundamenta em estudos científicos.

Há também a transcrição de entrevistas com pesquisadores: *Para a saúde do planeta Terra, o lixo espacial não tem a menor importância, já que representa uma quantidade de massa insignificante, segundo explicam especialistas do Instituto de Pesquisas Espaciais (INPE)* (parágrafo 7).

O artigo em estudo utiliza aspas para destacar uma expressão estranha ao texto, usada no sentido metafórico, *"guarda de trânsito espacial"*. Emprega essa expressão com o intuito de esclarecer ao leitor as funções da [...] *agência que monitora a posição de 16.094 pedaços de metal que voam soltos e sem controle pelo espaço* (parágrafo 3).

No texto, observa-se o apagamento da voz do produtor pelo uso da terceira pessoa do discurso. Contudo, a escolha lexical mostra que o autor não é totalmente imparcial, pois explicita seu posicionamento diante das informações. No parágrafo 2, a utilização do vocábulo ***felizmente*** revela seu alívio pela queda da sucata não ter causado nenhum dano. Por sua vez, o emprego da palavra ***infelizmente*** mostra seu descontentamento com o fato de essa sucata ser apenas uma amostra de todo o lixo que há no espaço.

8.2 Estudo de texto

I. Pré-leitura

1) Dialogando sobre o gênero textual

a) Quando você dispõe de uma revista ou jornal, costuma ler textos que divulgam estudos científicos? Por quê?

b) Nos diversos textos que tornam públicas informações científicas, quais assuntos despertam mais seu interesse?

2) Dialogando sobre o autor do texto

A quem se atribui a autoria do texto?

3) Dialogando sobre o conteúdo do texto

a) Faça uma leitura inspecional do texto que segue. Em que veículo de comunicação foi publicado? Em qual seção?

b) Qual é o provável público a quem se dirige?

c) O texto apresenta título, subtítulo(s) e intertítulo(s)? Quais são eles?

d) O que o título, o subtítulo e o intertítulo sugerem a respeito da temática do texto?

II. Leitura

1) Leitura silenciosa do artigo de divulgação científica.

2) Leitura em voz alta do gênero pelo professor ou por um aluno.

O LAGO DA VIDA

Vostok, na Antártida, guarda água mais antiga da Terra

1 Depois de permanecer isolado por aproximadamente 15 milhões de anos, o misterioso lago Vostok, situado debaixo de uma camada de gelo de quatro quilômetros, na Antártida, poderá ser, finalmente, desvendado. Após 20 anos de perfurações na região, uma equipe de cientistas russos alcançou a superfície do lago da vida, como foi batizado pela comunidade científica.

2 Vostok tem cerca de 300 quilômetros de comprimento, 50 quilômetros de largura e quase mil metros de profundidade em algumas regiões. Sua água doce, saturada de oxigênio como nenhuma outra no planeta, pode abrigar formas de vida pré-históricas, espécies de bactérias que sobreviveram a diversas mudanças climáticas e geológicas, e podem ajudar a

explicar a origem da vida na Terra e a possibilidade de sua existência em outros planetas.

3 "Essa água é provavelmente a mais antiga do planeta. Não temos provas concretas, mas os dados indicam que, no fundo do lago, deve haver formas de vida como extremófilos", afirmou a cientista chefe da expedição do Instituto de Pesquisas Árticas e Antárticas da Rússia, Valery Lukin.

4 "Se não encontrarmos nada, isso também seria uma descoberta. Mas se acharmos algum organismo, poderemos estudar a evolução de espécies que não tiveram nenhum contato durante milhares de anos com a atmosfera terrestre", disse. Os cientistas afirmam ainda que os resultados da exploração no lago ajudarão a prever as mudanças climáticas na Terra durante os próximos séculos, já que o Vostok guarda a memória climática dos últimos séculos.

5 A intenção dos cientistas é levar amostras de água congelada do Vostok à Rússia em maio. "Aí saberemos se Vostok é o lar de novos micro-organismos, bactérias ou nada", declarou Lukin.

6 Alguns cientistas ocidentais se mostraram preocupados com o risco de contaminação do lago, mas os russos garantem ter usado equipamentos especiais de perfuração para não danificar o ecossistema do Vostok. A Rússia é, pela primeira vez, líder mundial em algum campo científico desde que Yuri Gagarin se tornou o primeiro astronauta da história, em abril de 1961. É preciso reconhecer que a casualidade jogou a favor dos russos. Quando abriram sua estação de pesquisa na Antártida, em 1957, eles não sabiam que, justo debaixo dela, havia um lago. Vostok é o maior lago subterrâneo entre os mais de 100 que se encontram sob o continente gelado.

Técnica pode ser usada em Marte

7 A descoberta do lago Vostok é o primeiro passo para encontrar vida em outros planetas, como Marte, onde as condições são parecidas com as do continente gelado, disse a chefe da expedição antártica russa. "Na estação de Vostok, a temperatura chega a 89,2 graus negativos, e em Marte é de 90 graus abaixo de zero", afirmou Valery Lukin. Os cientistas russos destacaram que "os equipamentos usados para perfurar o gelo

que cobria o lago e desenhados com esse único fim pelo Instituto de Engenharia de Minas de São Petersburgo foram um sucesso. Por isso, essa tecnologia poderia ser utilizada agora para explorar outros planetas".

Dimensões	
Localização	Estação Vostok, Antártida
Área da superfície	14.000km^2
Comprimento máximo	300km
Largura máxima	50km
Volume	5.400km^3
Profundidade	1.000m

Saiba mais

Extremófilos: organismos que conseguem sobreviver em condições extremas, que matariam a grande maioria dos seres vivos conhecidos. Grandes profundidades no mar, leitos de vulcões ativos são exemplos de ambientes inóspitos. Estudando como isso acontece, os cientistas buscam prever como a vida pode se desenvolver em outros planetas e podem explicar ainda como começou em nosso planeta.

O LAGO da vida. *Correio Riograndense*, Caxias do Sul, 29 fev. 2012. Sabe-tudo, p. 16.

III. Atividades orais de interpretação

1) As hipóteses levantadas acerca da temática do texto se confirmam após a leitura? Explique.
2) Quem são os pesquisadores envolvidos na investigação apresentada no texto?
3) Qual é o principal objetivo da pesquisa?
4) Há quanto tempo o estudo vem sendo desenvolvido naquela região?
5) Qual é a descoberta divulgada pelo texto?

6) Onde se localiza o lago Vostok?

7) Que procedimentos os cientistas usaram na condução da pesquisa?

8) As águas do lago Vostok são superficiais? Por quê?

9) Por que o lago Vostok é caracterizado como *misterioso*?

10) A pesquisa está concluída? Por quê?

11) Quais foram as novas perguntas que surgiram entre os cientistas a partir da descoberta do lago Vostok?

12) Qual é a relevância da descoberta do lago para a Rússia?

IV. Atividades escritas de interpretação

1) Substitua os termos destacados nos fragmentos a seguir por outros de mesmo sentido. Considere o contexto em que os termos foram empregados e faça os ajustes necessários.

   a) *"Aí saberemos se Vostok é o* ***lar*** *de novos micro-organismos, bactérias ou nada", declarou Lukin* (parágrafo 5).

   b) [...] *o Vostok guarda a* ***memória climática*** *dos últimos séculos* (parágrafo 4).

2) Consulte o dicionário e defina os termos a seguir.

   a) planeta (parágrafo 2):

   b) bactérias (parágrafo 2):

   c) atmosfera (parágrafo 4):

   d) micro-organismos (parágrafo 5):

   e) ecossistema (parágrafo 6):

3) Aponte sinônimos para os vocábulos do texto. Leve em conta o contexto em que foram utilizados.

   a) desvendado (parágrafo 1):

   b) saturada (parágrafo 2):

   c) expedição (parágrafo 3):

   d) evolução (parágrafo 4):

   e) exploração (parágrafo 4):

f) intenção (parágrafo 5):

g) amostras (parágrafo 5):

h) contaminação (parágrafo 6):

i) danificar (parágrafo 6):

j) casualidade (parágrafo 6):

k) subterrâneo (parágrafo 6):

4) A partir do sentido global do texto, qual é o significado do título *O lago da vida*?

5) Indique as informações solicitadas sobre o lago Vostok.

a) Tempo em que permaneceu isolado:

b) Características da água:

6) Que precauções os cientistas russos tomaram para não danificar o ecossistema do lago?

7) Qual foi o motivo que levou os russos a se preocuparem com a preservação do ecossistema do Vostok?

8) Por que a cientista Valery Lukin afirma: "*Se não encontrarmos nada, isso também seria uma descoberta*" (parágrafo 4)?

9) Explique a afirmação: [...] *a casualidade jogou a favor dos russos* (parágrafo 6).

10) No início do texto, há um *lead* que expõe sinteticamente a descoberta científica. Responda às questões que seguem com base no *lead*.

a) Quem?

b) O quê?

c) Quando?

d) Onde?

e) Como?

f) Por quê?

11) Que avanços científicos poderão ocorrer a partir da investigação do ecossistema do lago Vostok?

12) No fechamento, o artigo de divulgação científica retoma a questão abordada e explica a repercussão positiva da descoberta do lago Vos-

tok. Por que essa descoberta contribui para a pesquisa em outros planetas?

13) Por que se considera o texto *O lago da vida* um artigo de divulgação científica?

V. Práticas de análise da linguagem e reflexão linguística

1) O artigo em estudo expõe falas de especialistas sobre o assunto abordado.

   a) As falas aparecem em forma de citação direta e/ou indireta? Exemplifique.

   b) Qual é a importância dessas citações para o texto?

2) Qual é a pessoa do discurso que predomina no artigo? Que efeito de sentido essa escolha provoca no texto?

3) No artigo, percebe-se o uso reiterado do verbo ***poder***.

   a) Aponte três exemplos.

   b) Explique a relação existente entre o emprego desse verbo e o sentido global do texto.

   c) Relacione a presença do verbo ***poder*** e o uso do advérbio ***provavelmente*** no parágrafo 3.

4) Constata-se no artigo *O lago da vida* a presença de exemplificações para tornar o texto mais acessível ao público leigo. Aponte duas delas.

5) O texto usa termos específicos vinculados ao campo semântico da Geografia. Cite dez desses vocábulos.

8.3 Produção textual

I. Produção escrita

Imagine que você trabalha em um jornal regional e precisa tornar públicas as informações do artigo científico *Estado nutricional e estilo de vida em vegetarianos e onívoros – Grande Vitória – ES.*

Disponível em: <http://repositorio.ufes.br/bitstream/10/680/1/11.pdf>.
Acesso em: 06 mar. 2014.

Com base no artigo científico mencionado, escreva um artigo de divulgação científica. Utilize os itens que seguem para orientar sua produção.

a) Objetivo da pesquisa.

b) Pesquisadores envolvidos e instituição a que se vinculam.

c) Participantes da pesquisa (características demográficas; definição de onívoros e vegetarianos).

d) Pergunta da pesquisa.

e) Hipótese inicial.

f) Procedimentos usados pelos cientistas na condução da pesquisa.

g) Resultados quanto:

- ao estilo de vida (ocupação, atividade física, tempo dedicado ao sono);
- aos hábitos alimentares (almoço em domicílio; ingestão calórica; consumo de açúcares, adoçantes artificiais, óleos, sal e suplementos; ingestão de bebidas alcoólicas e refrigerantes; consumo de alimentos fritos, proteínas, lipídios, carboidratos, fibras e ferro);
- aos exames bioquímicos;
- às medidas, índice de massa corporal e relação cintura/quadril;
- aos índices de sobrepeso e obesidade central e abdominal;
- aos índices de colesterol, triglicerídeos e glicemia de jejum;
- ao risco cardiovascular.

h) Conclusões em relação:

- ao consumo de carne branca e peixe;
- ao efeito protetor da dieta vegetariana;
- à dieta vegetariana equilibrada X dieta onívora com grande quantidade de vegetais.

i) Descoberta.

II. Produção oral

Leia para seus colegas e professor o artigo de divulgação científica que você produziu.

III. Retextualização do gênero

Releia o artigo de divulgação científica intitulado *O lago da vida* e faça um esquema com as informações da descoberta.

Notas

1) O capítulo VI resultou do artigo científico intitulado *O ensino de leitura e escrita: o gênero textual mito*, de autoria de José Carlos Köche, Vanilda Salton Köche e Adiane Fogali Marinello e publicado na revista Intersecções - Edição 9 - Ano 6 - Número 1 - maio/2013.

2) O capítulo VIII resultou do artigo científico intitulado *Artigo de divulgação científica: uma sequência didática*, dos autores José Carlos Köche, Vanilda Salton Köche e Adiane Fogali Marinello e publicado na Revista Intersecções - Edição 8 - Ano 5 - Número 2 - novembro/2012.

Referências

Referências teóricas

AFONSO, Manoela; NASCIMENTO, Elvira Lopes. Apólogo: um gênero em construção. In: ENCONTRO CIENTÍFICO DO CURSO DE LETRAS, 4, FACCAR, 2006, Rolândia (PR). *Anais*. Disponível em: <http://www.faccar.com.br/eventos/desletras/hist/2006_g/textos/010.htm>. Acesso em: 27 mar. 2013.

ARANTES, Marilza Borges. *A argumentação nos gêneros fábula, parábola e apólogo*. 2006. 171 f. Tese (Mestrado em Linguística) – Instituto de Letras e Linguística, Universidade Federal de Uberlândia, Uberlândia, 2006. Disponível em: <http://www.bdtd.ufu.br/tde_arquivos/18/TDE-2006-09-27T073136Z-357/Publico/MBArantesDISSPRT.pdf>. Acesso em: 01 abr. 2013.

BAKHTIN, Mikhail M. *Estética da criação verbal*. São Paulo: Martins Fontes, 1992.

BARANDA, Consolación. El apólogo y el estatuto de la ficción en el Renacimiento. *Studia Aurea:* Revista de Literatura Española y Teoría Literaria del Renacimiento y Siglo de Oro, Barcelona, v. 1, p. 1-22, 2007. Disponível em: <http://www.studiaaurea.com/article/view/v1-baranda/pdf>. Acesso em: 27 mar. 2013.

BRÄKLING, Kátia Lomba. Trabalhando com artigo de opinião: re-visitando o eu no exercício da (re)significação da palavra do outro. In: ROJO, Roxane (Org.). *A prática da linguagem em sala de aula*: praticando os PCNs. São Paulo: EDUC; Campinas, SP: Mercado de Letras, 2000. p. 221-247.

BRASIL. *Parâmetros curriculares nacionais*: Ensino Médio – Linguagens, códigos e suas tecnologias. Brasília: MEC/SEMT, 1999.

_____. *Parâmetros curriculares nacionais*: Ensino Médio – Linguagens, códigos e suas tecnologias. Brasília: Ministério da Educação, 2000.

_____. *Parâmetros curriculares nacionais*: terceiro e quarto ciclos do Ensino Fundamental - Língua Portuguesa. Brasília: MEC/SEF, 1998.

_____. *PCN+ Ensino Médio*: orientações educacionais complementares aos parâmetros curriculares nacionais - Linguagens, códigos e suas tecnologias. Brasília: MEC/SEB, 2002. Disponível em: <http://portal.mec.gov.br/seb/arquivos/pdf/linguagens02.pdf>. Acesso em: 04 jun. 2013.

BRONCKART, Jean-Paul. *Atividade de linguagem, textos e discursos*: por um interacionismo sociodiscursivo. Trad. Anna Rachel Machado e Péricles Cunha. São Paulo: EDUC, 1999.

CASCUDO, Luis da Câmara. *Literatura oral no Brasil*. 2. ed. Rio de Janeiro: José Olympio; Brasília: INL, 1978.

_____. *Dicionário do folclore brasileiro*. Rio de Janeiro: INL/MEC, 1972. v. 2.

_____. *Folclore do Brasil*: pesquisa e notas. São Paulo: Fundo de Cultura, 1967.

COELHO, Maria do Carmo Pereira. *As narrações da cultura indígena da Amazônia*: lendas e histórias. 2003. 223 f. Tese (Doutorado em Linguística Aplicada e Estudos da Linguagem) - Pontifícia Universidade Católica de São Paulo, São Paulo, 2003.

COELHO, Nelly Novaes. *Literatura infantil*: teoria, análise, didática. 5. ed. São Paulo: Ática, 1991.

_____. *Panorama histórico da literatura infantojuvenil*. 4. ed. São Paulo: Ática, 1991.

COLTIER, Danielle. Approches du texte explicatif. *Pratiques*, Metz, n. 51, p. 3-22, sept. 1986.

COSTA, Sérgio Roberto. *Dicionário de gêneros textuais*. 2. ed. Belo Horizonte: Autêntica, 2009.

COUTINHO, Afrânio dos Santos; SOUZA, J. Galante de (Dir.). *Enciclopédia de literatura brasileira*. 2. ed. São Paulo: Global; Rio de Janeiro: Fundação Biblioteca Nacional/DNL: Academia Brasileira de Letras, 2001. v. 1.

DELFORCE, Bernard. La dissertation et la recherche des idées ou: le retour del'inventio. *Pratiques*, Metz, n. 75, p. 3-16, sept. 1992.

D'ONOFRIO, Salvatore. *Literatura ocidental*: autores e obras fundamentais. 2. ed. São Paulo: Ática, 2002.

ELIADE, Mircea. *Mito e realidade*. São Paulo: Perspectiva, 2006.

GARCIA, Othon Moacyr. *Comunicação em prosa moderna*. 16. ed. Rio de Janeiro: Fundação Getúlio Vargas, 1995.

GIERING, Maria Eduarda. A organização retórica de artigos de divulgação científica midiática e a organização sequencial do texto: fatores ascendentes e descendentes. *Desenredo*, Passo Fundo, v. 5, n. 1, p. 60-75, jan./jun. 2009. Disponível em: <http://www.upf.br/seer/index.php/rd/article/view/920/550>. Acesso em: 16 abr. 2012.

GUEDES, Paulo Coimbra. *Da redação escolar ao texto*: um manual de redação. Porto Alegre: UFRGS, 2002.

GUESSE, Érika Bergamasco; VOLOBUEF, Karin. O conto popular: características, especificidades, sua relação com o mito e um exemplo indígena. *Travessias*, Cascavel, n. 1, 2008. Disponível em: <http://www.unioeste.br/prppg/mestrados/letras/revistas/travessias/ed_001/cultura/O%20CONTO%20POPULAR%20%20-%20%20CARACTER%CDSTICAS.pdf>. Acesso em: 13 dez. 2011.

JESUALDO. *A literatura infantil*. Trad. James Amado. São Paulo: Cultrix, 1982.

KOCH, Ingedore Grunfeld Villaça. *Argumentação e linguagem*. 3. ed. São Paulo: Cortez, 1993.

KÖCHE, Vanilda Salton; PAVANI, Cinara Ferreira; BOFF, Odete Maria Benetti. *Prática textual*: atividades de leitura e escrita. 10. ed. Petrópolis, RJ: Vozes, 2014.

KRINGS, Hermann et al. *Conceptos fundamentales de filosofía*. Tomo II. Especulación - Ordem. Barcelona: Herder, 1978.

LALANDE, André. *Vocabulário técnico e crítico da filosofia*. Trad. Fátima Sá Correia et al. 2. ed. São Paulo: Martins Fontes, 1996.

LEAL, José Carlos. *A natureza do conto popular*. Rio de Janeiro: Conquista, 1985.

LEIBRUDER, Ana Paula. O discurso de divulgação científica. In: BRANDÃO, Helena Nagamine (Org.). *Gêneros do discurso na escola*: mito, conto, cordel, discurso político, divulgação científica. 2. ed. São Paulo: Cortez, 2003. p. 229-253.

LOUREIRO, José Mauro Matheus. Museu de ciência, divulgação científica e hegemonia. *Ciência da Informação,* Brasília, v. 32, n. 1, p. 88-95, jan./abr. 2003. Disponível em: <http://www.scielo.br/pdf/ci/v32n1/15976.pdf>. Acesso em: 07 maio 2012.

MACHADO, Irene A. *Literatura e redação.* São Paulo: Scipione, 1994.

MARCUSCHI, Luiz Antônio. Gêneros textuais: definição e funcionalidade. In: BEZERRA, Maria Auxiliadora; DIONISIO, Angela Paiva; MACHADO, Anna Rachel. *Gêneros textuais & ensino*. 2. ed. Rio de Janeiro: Lucerna, 2002. p. 19-36.

MARIA, Luzia de. *O que é conto?* 4. ed. São Paulo: Brasiliense, 2004.

MARTINS, Dênis Pereira; SAITO, Cláudia Lopes Nascimento. O gênero textual crônica como instrumento de ensino-aprendizagem de Língua Portuguesa. In: ENCONTRO DE INICIAÇÃO CIENTÍFICA DO CURSO DE LETRAS, 7, FACCAR, 2006, Rolândia (PR). *Anais.* Disponível em: <http://www.faccar.com.br/desletras/hist/2006_g/textos/023.htm>. Acesso em: 24 mar. 2010.

MASSARANI, Luisa; MOREIRA, Ildeu de Castro. A retórica e a ciência dos artigos originais à divulgação científica. *MultiCiência,* São Paulo, n. 4, p. 1-18, maio 2005. Disponível em: <http://www.multiciencia.unicamp.br/artigos_04/a_04_.pdf>. Acesso em: 19 abr. 2012.

MOISÉS, Massaud. *Dicionário de termos literários.* 12. ed. São Paulo: Cultrix, 2004.

RODRIGUES, Rosângela Hames. Os gêneros do discurso na perspectiva dialógica da linguagem: abordagem de Bakhtin. In: MEURER, J.L.; BONINI, Adair; MOTTA-ROTH, Désirée. *Gêneros*: teorias, métodos, debates. São Paulo: Parábola, 2007. p. 154-183.

ROMÉRO, Sylvio (Org.). *Contos populares do Brazil.* Lisboa: Nova Livraria Internacional, 1885. Disponível em: <http://www.brasiliana.usp.br/bbd/handle/1918/01614000#page/1/mode/1up>. Acesso em: 17 ago. 2011.

SILVA, Anna Christina Bentes da. *A arte de narrar*: da constituição das estórias e dos saberes dos narradores da Amazônia paraense. 2000. 317 f. Tese

(Doutorado em Linguística) - Programa de Pós-Graduação em Linguística, Universidade Estadual de Campinas, São Paulo, 2000.

TRAVAGLIA, Luiz Carlos. *Um estudo textual-discursivo do verbo no português do Brasil.* 1991. 330 f. Tese (Doutorado em Linguística) - Curso de Pós-Graduação em Letras, Universidade Estadual de Campinas, Campinas, 1991.

VALE, Luiza Vilma Pires. Narrativas infantis. In: SARAIVA, Juracy Assmann (Org.). *Literatura e alfabetização*: do plano do choro ao plano da ação. Porto Alegre: Artmed, 2001. p. 43-49.

VILELA, Mário; KOCH, Ingedore Grunfeld Villaça. *Gramática da língua portuguesa*: gramática da palavra, gramática da frase, gramática do texto/discurso. Coimbra: Almedina, 2001.

VILLAS BOAS, Cláudio; VILLAS BOAS, Orlando. *Xingu*: os índios, seus mitos. 7. ed. Porto Alegre: Kuarup, 1986.

WILLIS, Roy (Org.). *Mitologias*: deuses, heróis e xamãs nas tradições e lendas de todo mundo. Trad. Thaís Costa e Luiz Roberto Mendes Gonçalves. São Paulo: Publifolha, 2007.

ZAMBONI, L.M.S. *Cientistas, jornalistas e a divulgação científica*: subjetividade e heterogeneidade no discurso da divulgação científica. Campinas: Autores Associados, 2001.

Textos literários e não literários na íntegra

A CUMBUCA de ouro e os marimbondos. In: ROMÉRO, Sylvio (Org.). *Contos populares do Brazil.* Lisboa: Nova Livraria Internacional, 1885. p. 136-137. Disponível em: <http://www.brasiliana.usp.br/bbd/handle/1918/01614000#page/1/mode/1up>. Acesso em: 17 ago. 2011. Adaptação das autoras.

A RAPOSA e as uvas. In: FUNDESCOLA/SEF. *Alfabetização*: livro do aluno. Brasília: MEC, 2000. v. 2. p. 123-125. Disponível em: <http://www.dominiopublico.gov.br/download/texto/me001614.pdf>. Acesso em: 14 maio 2013.

A RAPOSA e o tucano. In: ROMÉRO, Sylvio (Org.). *Contos populares do Brazil.* Lisboa: Nova Livraria Internacional, 1885. p. 159. Disponível em: <http://www.brasiliana.usp.br/bbd/handle/1918/01614000#page/1/mode/1up>. Acesso em: 17 ago. 2011. Adaptação das autoras.

A SAPA casada. In: ROMÉRO, Sylvio (Org.). *Contos populares do Brazil*. Lisboa: Nova Livraria Internacional, 1885. p. 76-77. Disponível em: <http://www.brasiliana.usp.br/bbd/handle/1918/01614000#page/1/mode/1up>. Acesso em: 17 ago. 2011. Adaptação das autoras.

ALVES, Antônio Frederico de Castro. *Amante*. Disponível em: <http://www.dominiopublico.gov.br/download/texto/wk000478.pdf>. Acesso em: 06 jun. 2013. Adaptação das autoras.

ASSIS, Machado de. [16 outubro]. In:_____. *A semana*: 1892. p. 107. Disponível em: <http://www.dominiopublico.gov.br/download/texto/bv000255.pdf>. Acesso em: 02 maio 2013. Adaptação das autoras.

_____. *Um apólogo*. Disponível em: <http://www.dominiopublico.gov.br/download/texto/ua000231.pdf>. Acesso em: 28 mar. 2013.

BIERCE, Ambrose. *A causeway*. Disponível em: <http://www.dominiopublico.gov.br/download/texto/gu000374.pdf>. Acesso em: 26 jun. 2013. Tradução de Anderson Fogali Marinello.

CARPINEJAR, Fabrício. *Escondo o amor na amizade*. Postado pelo autor em 10 ago. 2006. Disponível em: <http://fabriciocarpinejar.blogspot.com/2010/01/1082006-094109-am_9305.html>. Acesso em: 11 nov. 2011.

HERCULANO, Alexandre. *A dama do pé de cabra*. Disponível em: <http://www.dominiopublico.gov.br/download/texto/ws000002.pdf>. Acesso em: 08 mar. 2012. Adaptação das autoras.

HESIOD. *The poems and fragments*. Oxford: At The Clarendon Press, 1908. Disponível em: <http://www.dominiopublico.gov.br/download/texto/0606_Bk.pdf>. Acesso em: 31 out. 2012. Tradução e adaptação das autoras.

KANITZ, Stephen. A vida após a morte. *Veja*, São Paulo, ed. 2061, ano 41, n. 20, p. 18, 21 maio 2008.

LA FONTAINE, Jean de. A panela de barro e a panela de ferro. In:_____. *Fables*: les Fables de Jean de La Fontaine augmentées des oeuvres d'autres fabulistes. Disponível em: <http://www.dominiopublico.gov.br/download/texto/ph000308.pdf>. Acesso em: 21 mar. 2013. Tradução e adaptação das autoras.

LUFT, Lya. Livro eletrônico. *Veja*, São Paulo, ed. 2182, p. 26, 15 set. 2010.

NARCISO. In: FUNDESCOLA/SEF-MEC. *Alfabetização*: livro do aluno. Brasília: FUNDESCOLA/SEF-MEC, 2000. v. 2. p. 123-125. Disponível em: <http://www.dominiopublico.gov.br/download/texto/me001614.pdf>. Acesso em: 14 maio 2013.

O LAGO da vida. *Correio Riograndense*, Caxias do Sul, 29 fev. 2012. Sabe-tudo, p. 16.

O UAPÉ. In: FUNDESCOLA/SEF. *Alfabetização*: livro do aluno. Brasília: MEC, 2000. v. 2. p. 123-125. Disponível em: <http://www.dominiopublico.gov.br/download/texto/me001614.pdf>. Acesso em: 14 maio 2013. Adaptação das autoras.

OVÍDIO. El origen del mundo. In: _____. *Metamorfosis*. Disponível em: http://www.dominiopublico.gov.br/download/texto/bk000459.pdf>. Acesso em: 22 nov. 2012. Tradução e adaptação das autoras.

PIMENTEL, Figueiredo. O avô e o netinho. In: _____. *Histórias da avozinha*. Rio de Janeiro: [s.n.], 1896. Disponível em: <http://www.dominiopublico.gov.br/download/texto/bn000137.pdf>. Acesso em: 18 abr. 2013. Adaptação das autoras.

RISCO às explorações. *Correio Riograndense*, Caxias do Sul, 05 out. 2011. Sabe-tudo, p. 16.

Obras com trechos citados como exemplo ou usados em atividades

A RAPOSA e o homem. In: ROMÉRO, Sylvio (Org.). *Contos populares do Brazil*. Rio de Janeiro: José Olympio, 1885. p. 191.

A RAPOSINHA. In: ROMÉRO, Sylvio (Org.). *Contos populares do Brazil*. Rio de Janeiro: José Olympio, 1885. p. 32-35.

ALENCAR, José de. *Iracema*. Disponível em: <http://www.dominiopublico.gov.br/download/texto/bn000014.pdf>. Acesso em: 06 jun. 2013.

ASSIS, Machado de. *A cartomante*. Disponível em: <http://www.dominiopublico.gov.br/download/texto/ua000181.pdf>. Acesso em: 29 maio 2013.

_____. Ideias do canário. In: _____. *Páginas recolhidas*. Disponível em: <http://machado.mec.gov.br/images/stories/pdf/contos/macn006.pdf>. Acesso em: 06 jun. 2013.

_____. Maria Cora. In: _____. *Relíquias de Casa Velha*. Disponível em: <http://machado.mec.gov.br/images/stories/pdf/contos/macn007.pdf>. Acesso em: 06 jun. 2013.

_____. Missa do galo. In: _____. *Páginas recolhidas*. Disponível em: <http://machado.mec.gov.br/images/stories/pdf/contos/macn006.pdf>. Acesso em: 06 jun. 2013.

AZEVEDO, Ricardo. Três moços malvados. In: _____. *Bazar do folclore*: tradição oral. São Paulo: Ática, 2001, p. 32-34 (Coleção Literatura em minha casa, v. 5).

BÍBLIA. Português. *Bíblia sagrada*. Ap 7,15-17. p. 1546. Disponível em: <http://www.dominiopublico.gov.br/download/texto/le000002.pdf>. Acesso em: 07 dez. 2013.

CESAR, Cláudio Lenz. O antiátomo. *Ciência Hoje*, São Paulo, v. 48, ed. 288, p. 39, dez. 2011.

CHAVES, Márcia Soares; ALMEIDA, Nageli Pereira de. Ferrugens do trigo: segurança alimentar ameaçada. *Ciência Hoje*, São Paulo, v. 49, ed. 290, p. 38, mar. 2012.

COIMBRA, David. As revoltas do Brasil. *Zero Hora*, Porto Alegre, ed. 17429, p. 2, 28 jun. 2013.

FERREIRA, Fabienne Antunes; CRUZ, Raquel Souza; FIGUEIREDO, Agnes Marie Sá. Superbactéria. *Ciência Hoje*, São Paulo, v. 48, ed. 287, p. 24, nov. 2011.

GALVÃO, Ernesto F. A mecânica quântica das viagens no tempo. *Ciência Hoje*, São Paulo, v. 49, ed. 290, p. 22, mar. 2012.

GUARIEIRO, Lílian Lefol Nani; TORRES, Ednildo Andrade; ANDRADE, Jailson Bittencourt de. Energia verde. *Ciência Hoje*, São Paulo, v. 48, ed. 285, p. 37, set. 2011.

LA FONTAINE, Jean de. Il Sole e il Vento. In: _____. *Favole*. Trad. Emilio De Marchi. [S.l.: s.n.], 1999. Disponível em: <http://www.dominiopublico.gov.br/download/texto/lb000832.pdf>. Acesso em: 28 mar. 2013. Tradução e adaptação das autoras.

LOPES, Adriana A.; GUIMARÃES, Denise O.; PUPO, Mônica T. Quando os micro-organismos salvam vidas. *Ciência Hoje*, São Paulo, v. 48, ed. 286, p. 34, out. 2011.

MEIRELES, Cecília. Brinquedos incendiados. In: RIVERA, Luis Lorenzo (Org.). *O novo manifesto:* antologia de contos e crônicas. São Paulo: Martins Fontes, 2003. p. 47-50.

MENDONÇA, Fernando F.; FORESTI, Fausto. Tubarões: pesquisa genética auxilia conservação. *Ciência Hoje*, São Paulo, v. 48, ed. 288, p. 49, dez. 2011.

O MATUTO João. In: ROMÉRO, Sylvio (Org.). *Contos populares do Brazil*. Rio de Janeiro: José Olympio, 1885. p. 122-124. Adaptação das autoras.

O PAPAGAIO do limo verde. In: ROMÉRO, Sylvio (Org.). *Contos populares do Brazil*. Rio de Janeiro: José Olympio, 1885. p. 59-65. Adaptação das autoras.

O QUE é a Teoria da Relatividade? *Mundo Estranho*. Disponível em: <http://mundoestranho.abril.com.br/materia/o-que-e-a-teoria-da-relatividade>. Acesso em: 23 abr. 2012.

OPPERMANN, Álvaro. Qual é a utilidade das minhocas? *Superinteressante*, São Paulo, ed. 241, p. 46, jul. 2007.

PAVANI, Cinara F.; BOFF, Odete M.B.; KÖCHE, Vanilda S. Reescrita: processo de produção textual. *Espaço pedagógico*, Passo Fundo, v. 8, n. 2, p. 13-21, dez. 2001.

PERDA de sódio e potássio provoca a cãibra. *Superinteressante*, São Paulo, ed. 088, jan. 1995. Disponível em: <http://super.abril.com.br/esporte/perda-sodio-potassio-provoca-caimbra-489015.shtml>. Acesso em: 23 abr. 2012.

SANZ, Elena. *Los primeros osos polares son mucho más primitivos de lo que se pensaba*. Disponível em: <http://www.muyinteresante.es/los-primeros-osos-polares-son-mucho-mas-primitivos-de-lo-que-se-pensaba>. Acesso em: 23 abr. 2012. Tradução e adaptação das autoras.

UMA DAS DE PEDRO Malas-Artes. In: ROMÉRO, Sylvio (Org.). *Contos populares do Brazil*. Rio de Janeiro: José Olympio, 1885. p. 15-17. Adaptação das autoras.

Índice

Conecte-se conosco:

facebook.com/editoravozes

@editoravozes

@editora_vozes

youtube.com/editoravozes

+55 24 2233-9033

www.vozes.com.br

Conheça nossas lojas:

www.livrariavozes.com.br

Belo Horizonte – Brasília – Campinas – Cuiabá – Curitiba
Fortaleza – Juiz de Fora – Petrópolis – Recife – São Paulo

EDITORA VOZES

VOZES NOBILIS

Vozes de Bolso

Vozes Acadêmica

EDITORA VOZES LTDA.
Rua Frei Luís, 100 – Centro – Cep 25689-900 – Petrópolis, RJ
Tel.: (24) 2233-9000 – E-mail: vendas@vozes.com.br